KB182585

초등 문해력 향상 프로그램
어휘편

어휘가 보여야 문해력이 자란다

문해력 잡는 초등 어휘력

B-3 단계

• 초등 3~4학년 •

초등교과서에 나오는 과목별 학습개념어 총망라

★ 문해력 183문제 수록! ★

아울북

문해력의 기본, 왜 초등 어휘력일까?

21세기 교육의 핵심은 문해력입니다. 국어 사전에 따르면, 문해력은 '문자로 된 기록을 읽고 거기 담긴 정보를 이해하는 능력'입니다. 여기에 더해 글을 비판적으로 읽고 자신만의 관점을 가지는 것 역시 문해력이지요. 그러기 위해서는 문장을 이루고 있는 어휘의 뜻을 정확히 알고, 해당 어휘가 글 속에서 어떤 역할을 하고 있는지 깨닫는 과정이 필요합니다.

초등학교 3~4학년 시절 아이들이 배우고 쓰는 어휘량은 7,000~10,000자 정도로 급격하게 늘어납니다. 그중 상당수가 한자어입니다. 그렇기에 학년이 올라가면서 교과서와 참고서, 권장 도서 들을 받아드는 아이들은 혼란스러워 합니다. 해는 태양으로, 바다는 해양으로, 세모는 삼각형으로, 셈은 연산으로 쓰는 경우가 부쩍 늘어납니다. 땅을 지형, 지층, 지상, 지면, 지각처럼 세세하게 나눠진 한자어들로 설명합니다. 분포나 소통, 생태처럼 알 듯 모를 듯한 어려운 단어들이 불쑥불쑥 등장하기 시작합니다.

우리말이니까 그냥 언젠가 이해할 수 있겠지 하며 무시하고 넘어갈 수는 없습니다. 초등학교 시절의 어휘력은 성인까지 이어지니까요. 10살 정도에 '상상하다'나 '귀중하다'와 같이 한자에서 유래한 기본적인 어휘의 습득이 마무리된다는 연구 결과를 내놓은 학자도 있습니다. 반대로 무작정 단어 뜻을 인터넷에서 검색하고 영어 단어를 외우듯이 달달 외우면 해결될까요? 당장 눈에 보이는 단어 뜻은 알 수 있지만 다른 문장, 다른 글 속에 등장한 비슷한 단어의 뜻을 유추하는 능력은 길러지지 않습니다. 문해력의 기초가 제대로 다져지지 않는다는 의미입니다.

결국 자신이 정확하게 알고 있는 단어를 통해 새로운 단어의 뜻을 짐작하며 어휘력을 확장시켜 가는 게 가장 좋습니다. 어휘력이 늘어나면 교과 개념을 정확하게 이해하고, 학습 내용도 빠르게 습득할 수 있지요. 선생님의 가르침이나 교과서 속 내용이 무슨 뜻인지 금방 알 수 있으니까요. 이 힘이 바로 문해력이 됩니다. 〈문해력 잡는 초등 어휘력〉은 어휘력 확장을 통해 문해력을 키우는 과정을 돕는 책입니다.

정춘수 기획위원

문해력 잡는 단계별 어휘 구성

〈문해력 잡는 초등 어휘력〉은 사용 빈도수가 높은 기본 어휘(씨글자)240개와 학습도구어와 교과내용어를 포함한 확장 어휘(씨낱말) 260개로 우리말 낱말 속에 담긴 단어의 다양한 뜻을 익히고 이를 통해 문해력을 키우는 프로그램입니다. 한자의 음과 뜻을 공유하는 낱말끼리 어휘 블록으로 엮어서 한자를 모르는 아이도 직관적으로 그 관계를 파악할 수 있습니다. 초등 기본 어휘와 어휘 관계, 학습도구어, 교과내용어 12,000개를 예비 단계부터 D단계까지 전 24단계로 구성해 미취학 아동부터 중학생까지 수준별 학습이 가능합니다. 어휘의 어원에 따라 자유롭게 어휘를 확장하며 다양한 문장을 구사하는 능력을 기르는 동안 문장 사이의 뜻을 파악하는 문해력은 자연스럽게 성장합니다.

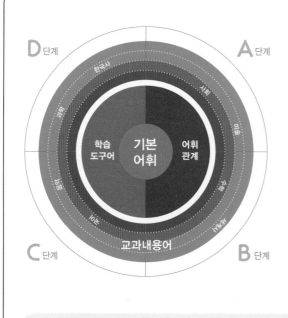

기본 어휘
초등 교과서 내 사용 빈도수가 높고, 일상적인 언어 활동에서 기본이 되는 어휘

어휘 관계
유의어, 반의어, 동음이의어, 도치어, 상하위어 등 어휘 사이의 관계

학습도구어
학습 개념을 이해하고 논리적으로 설명하는 과정에 쓰이는 도구 어휘

교과내용어
국어, 수학, 사회, 과학, 한국사, 예체능 등 각 교과별 학습 내용을 정확히 이해하는 데 필요한 개념 어휘

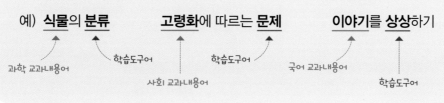

어휘력부터 문해력까지, 한 권으로 잡기

씨글자 | 기본 어휘

기본 어휘
하나의 씨글자를 중심으로
어휘를 확장해요.

낱말밭 | 어휘 관계

어휘 관계
유의어, 반의어, 전후
도치어 등의 어휘 관계를
통해 어휘 구조를 이해해요.

씨낱말 | 교과내용어

확장 어휘
둘 이상의 어휘 블록을
연결하여 씨낱말을 찾고
어휘를 확장해요.

어휘 퍼즐

어휘 퍼즐
어휘 퍼즐을 풀며 익힌 어휘를
다시 한번 학습해요.

종합 문제

종합 문제
종합 문제를 풀며
어휘를 조합해 문장으로
넓히는 힘을 길러요.

문해력 문제

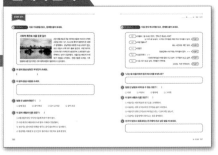

문해력 문제
여러 어휘로 이루어진 문장의 의미를
파악하고 글의 맥락을 읽어 내는
문해력을 키워요.

슛 골인! 대한민국 만세!

韓
우리나라 한

우리도 대양민쿡!

대한민국 ~! 짝 짝짝 짝 짝!

□□□□ 짝짝 짝 짝짝짝!

월드컵에서 우리나라가 이기면 정말 뿌듯하지요? 나라를 사랑하는 마음이 있어서일 거예요. 그러면 우리나라의 정식 이름은 무엇일까요?

위 그림의 빈칸에 들어갈 말은 무엇일까요? ( )
① 대한조선　② 대한민국　③ 대한제국　④ 대한한국

너무 쉬웠나요? 정답은 대한민국이에요. 대한민국(大韓民國)을 줄여서 한국이라고 부르지요. 그럼 우리 민족은요? 한민족(韓民族)이에요. 이처럼 한(韓)은 한국, 한민족을 뜻하지요. 우리나라는 대륙에서 바다로 길게 뻗어 나왔지요? 이걸 반도라고 해요. 반만 섬이란 뜻이에요. 우리나라는 한국이 있는 반도, 한민족이 사는 반도니까 □□□라고도 해요.

위 문장의 빈칸에 들어갈 말은 무엇일까요? ( )
① 한반도　② 제주도　③ 울릉도　④ 한산도

韓　우리나라 한

- **대한민국**
  (大큰 대 韓民백성 민 國나라 국)
  국민이 주인인, 위대한 한민족의 나라
- **한국(韓國)**
  대한민국의 준말
- **한민족(韓民族겨레 족)**
  우리 겨레
- **한반도(韓 半반 반 島섬 도)**
  한민족이 사는, 삼면이 바다인 땅

완전히 바다로 둘러싸여 있으면 섬, 삼면이 바다로 둘러싸여 있어 반쯤만 섬이면 반도.

맞아요, 한반도(韓半島)예요.
안타깝게도 우리나라는 휴전선을
사이에 두고 남한과 북한으로 나뉘어
있어요. 휴전선 남쪽을 남☐,
휴전선 북쪽을 북☐이라고 해요.
대한민국은 남한이에요.
한국과 관련된 낱말에는 또 무엇이 있을까요?
한국 사람은 ☐☐인, 한국 사람들이 쓰는
말과 글은 ☐☐어, 한국인의 핏줄을 가진 사람은 ☐☐계.
정답은 모두 '한국'이에요. 한국의 특징을 보여 주는 것은 한국
적(韓國的)이라고 해요.

위 그림의 빈칸에 알맞은 말은 무엇일까요? (　　　)

① 다리식　　　　② 무릎식　　　　③ 한국식

맞아요, 한국식이지요. 한국식(韓國式)은 한국적인 방식을 말
해요. 우리나라 사람이 한국식의 독특한 기법으로 그린 그림은
그림 화(畵)를 써서 한국화(韓國畵)라고 하지요. 한국화에는
한국적인 아름다움이 있어요.
또 한국학이란 것도 있어요. 한국의 이모저모를 연구하는 학문
을 말해요. 좀 어려운 말이지요?

■ **남한**(南 남쪽 남 韓)
한반도에서 휴전선 남쪽에 있는
나라

■ **북한**(北 북쪽 북 韓)
한반도에서 휴전선 북쪽에 있는
나라

■ **한국인**(韓國 人 사람 인)
한국 사람

■ **한국어**(韓國 語 말 어)
한국말

■ **한국계**(韓國 系 핏줄 계)
한국인의 핏줄을 가진 사람

■ **한국적**(韓國 的 ~할 적)
한국의 특징을 보여 주는

■ **한국식**(韓國 式 방법 식)
한국적인 방식

■ **한국화**(韓國 畵 그림 화)
한국식으로 그린 그림

■ **한국학**(韓國 學 학문 학)
한국의 이모저모를 연구하는
학문

🔔 **한족**
중국 민족을 한족(漢 한나라 한
族 겨레 족)이라고 해요. '한(漢)'
은 중국을 뜻하지요. 그래서 중
국 글자는 한자(漢 字 글자 자),
중국 글은 한문(漢 文 글 문)이
에요.

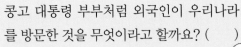

콩고 대통령 부부처럼 외국인이 우리나라를 방문한 것을 무엇이라고 할까요? (　　)

① 방탄　　② 방한
③ 방귀　　④ 방방

콩고 대통령 부부가 오늘 우리나라를 방문했습니다.

정답은 방한(訪韓)이에요.

내한(來韓)도 외국인이 한국을 찾아온 것을 말해요.

유명 가수들이 우리나라에 와서 하는 공연이 '내한 공연'이지요.

우리나라는 세계 여러 나라와 관계를 맺으며 살아가고 있어요.

한국과 미국의 관계는 한미(韓美) 관계,

한국과 일본의 관계는 □일 관계,

한국과 중국의 관계는 □□ 관계예요.

그럼 오른쪽 그림의 빈칸에 들어갈 말은 무엇일까요? (　　)

① 방한　　② 내한　　③ 주한

난 □□ 콩고 대사. 한국에 머무르면서 콩고를 대표하고 있지.

그래요, 어떤 임무를 띠고 한국에 머무르는 것을 주한(駐韓)이라고 해요. 한국에 머무르면서 한국과 미국 간의 외교를 맡아보는 사람은 주한 미국 대사, 한국에 머무르고 있는 미국 군대는 주한 미군이에요.

이런 말도 있어요

영한사전(英韓辭典)은 영어 단어가 우리말로 무슨 뜻인지 모를 때 써요. 반대로 한영사전은 우리말 단어를 영어로 뭐라고 하는지 알고 싶을 때 써요.

- **영한사전**(英영어 영 韓 辭말 사 典책 전) 영어를 한국어로 풀이한 사전
- **한영사전**(韓英辭典) 한국어를 영어로 풀이한 사전

韓 우리나라 한

- **방한**(訪방문할 방 韓)
한국을 방문함
- **내한**(來올 내 韓)
한국에 옴
- **한미**(韓 美미국 미)
한국과 미국
- **한일**(韓 日일본 일)
한국과 일본
- **한중**(韓 中중국 중)
한국과 중국
- **주한**(駐머무를 주 韓)
임무를 띠고 한국에 머무름
- **주한 미국 대사**(駐韓美國 大클 대 使사신 사)
미국을 대표해 한국에 머무르는 외교관의 우두머리
- **주한 미군**
(駐韓美 軍군대 군)
한국에 머무르는 미국 군대

🔔 대사
대사는 옛날로 말하자면 최고의 사신이에요. 대사가 상대 나라에 머무르면서 일을 보는 곳은 대사관(大使 館집 관)이라고 해요.

저런, 먹고 싶은 게 제각각이에요.

자장면은 중국 음식인 중식, 초밥은

일본 음식인 일식, 스파게티는

서양 음식인 양식이에요.

갈비찜은 한국 음식이니까

한식(韓食)이지요. 쌀밥, 김치, 된장국 등이 우리가 매일 먹는

한식이에요.

한우(韓牛)는 한국에서 나서 자란 소예요.

빈칸을 채우면서 우리 것을 알아볼까요?

한국식으로 지은 집은 ☐옥, 한국식으로 만든 전통 의상은 ☐복,

한국식으로 만든 종이는 ☐지예요.

아픈 데 침을 놓는 것은 한국식 치료 방법이에요.

침을 맞으려면 어디로 가야 할까요? (   )

① 한의원   ② 양의원   ③ 한강변

맞아요, 한의원이에요. 한의원(韓醫院)은

한국식 의술로 환자를 치료하는 병원이에요.

한국식으로 치료하는 방법은 ☐방,

한방으로 진료하는 의사는 ☐의사,

한방 치료에 쓰는 약재는 ☐약재라고 해요.

한식(韓 食음식 식)
한국 음식

한우(韓 牛소 우)
한국 소

한옥(韓 屋집 옥)
한국식으로 지은 집

한복(韓 服옷 복)
한국식 전통 의상

한지(韓 紙종이 지)
한국식으로 만든 종이

🔔 서양식 집은 양옥(洋서양 양 屋), 서양식 옷은 양복(洋服)이에요.

한의원
(韓 醫치료할 의 院집 원)
한국식 의술로 치료하는 병원

한방(韓 方방법 방)
한국식 치료 방법

한의사(韓醫 師선생 사)
한방으로 진료하는 의사

한약재
(韓 藥약 약 材재료 재)
한방 치료에 쓰는 약재

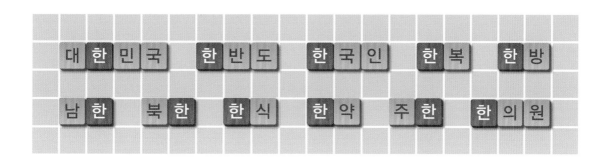

| 대 | 한 | 민 | 국 | | 한 | 반 | 도 | | 한 | 국 | 인 | | 한 | 복 | | 한 | 방 |

| 남 | 한 | | 북 | 한 | | 한 | 식 | | 한 | 약 | | 주 | 한 | | 한 | 의 | 원 |

**씨글자
블록 맞추기**

우리나라 한

대한민국
한국
한민족
한반도
남한
북한
한국인
한국어
한국계
한국적
한국식
한국화
한국학
한족
방한
내한
한미
한일

① 공통으로 들어갈 한자를 따라 쓰세요.

복

식

의 사

韓
우리나라 한

대 민 국

방

주

② 어떤 낱말에 대한 설명인지 쓰세요.

1) 한국적인 방식 ➡ ☐☐☐

2) 한국을 방문함 ➡ ☐☐

3) 임무를 띠고 한국에 머무름 ➡ ☐☐

4) 한국의 이모저모를 연구하는 학문 ➡ ☐☐☐

5) 한국식으로 만든 종이 ➡ ☐☐

③ 알맞은 낱말을 찾아 문장을 완성하세요.

1) 설날에는 한국 전통 의상인 ☐☐을 입고 세배를 가.

2) ☐☐☐에 가면 침을 맞을 수 있어.

3) 한국 전통 그림인 ☐☐☐는 여백의 미가 특히 매력적이야.

4) 양식보다는 쌀밥에 김치가 있는 ☐☐이 내 입맛에 맞아.

5) 민속촌에 가면 한국식으로 지은 ☐☐을 많이 볼 수 있어.

10

4 문장에 어울리는 낱말을 골라 ○표 하세요.

1) 한옥은 (한국식 / 한국적) 집이야.

2) 미국 대통령이 내일 (방한 / 주한) 한대.

3) 지난 (한일 / 한우)전 축구 경기는 열기가 대단했어.

4) 제임스는 (한국인 / 한국계) 미국인이야.

5) 나의 꿈은 (한의사 / 한약재)야.

5 그림을 보고, 알맞은 낱말을 쓰세요.

1)

□□□□
짝짝짝짝짝짝!
대한 민국 ~
짝 짝 짝 짝!!

□ □ □ □

2)

난 □□ 콩고대사,
한국에 머무르면서
콩고를 대표하고 있지.

□ □

6 그림을 보고, 알맞은 낱말을 연결하세요.

1)   2)   3)   4)

●   ●   ●   ●

●   ●   ●   ●

한 식   한 반 도   한 옥   한 복

| 한중 |
| 주한 |
| 주한 미국 대사 |
| 주한 미군 |
| 대사 |
| 대사관 |
| 영한사전 |
| 한영사전 |
| 한식 |
| 한우 |
| 한옥 |
| 한복 |
| 한지 |
| 양옥 |
| 양복 |
| 한의원 |
| 한방 |
| 한의사 |
| 한약재 |

세 나라 이야기, 삼국지

國 나라 국

삼국지의 삼국이 어디게?

물어볼 것을 물어봐라. 당연히 고구려, 백제, 신라지.

그럼 그렇지… 그러니까 나한테 무시당하는 거야.

자신 있게 대답했는데, 이를 어쩌나! 우리나라가 고구려, 백제, 신라 세 나라로 나뉘었던 때를 '삼국 시대'라고 부르니까 그렇게 알았나 봐요.

삼국지(三國志)는 중국의 위·촉·오 세 나라에 관한 이야기지요. 우리나라에도 세 나라에 관한 이야기가 있어요.

삼국사기(三國史記)와 삼국유사(三國遺事)예요. 이때의 삼국이 바로 고구려·백제·신라지요. 이럴 때 국(國)은 '나라'라는 말이지요.

그럼 나라의 뜻을 생각하며 빈칸을 채워 볼까요?

나라의 안은 ☐내,

나라의 밖은 ☐외,

나라의 안과 밖을 아울러 이르는 말은 ☐내외,

자기 나라가 아닌 다른 나라를 외☐,

다른 나라 사람을 외☐인,

다른 나라의 말을 외☐어,

다른 나라에서 생산한 물건을 외☐산,

반면, 우리나라에서 생산한 물건은 ☐내산이라고 하지요.

國 나라 국

■ **삼국지**
(三석 삼 國 志기록할 지)
위·촉·오 세 나라를 배경으로 한 역사 소설

■ **삼국사기**
(三國 史역사 사 記기록할 기)
고려 시대 김부식이 삼국의 역사에 대해 쓴 역사서

■ **삼국유사**
(三國 遺남길 유 事일 사)
고려 시대 일연이 쓴 역사서

■ **국내**(國 內안 내)
나라의 안

■ **국내산**(國 內 産낳을 산)
국내에서 생산한 물건

■ **외국**(外바깥 외 國)
자기 나라가 아닌 다른 나라

■ **외국인**(外 國 人사람 인)
다른 나라 사람

이게 우리 **국경**이야. 넘어오면 안돼!

국경? 국경(國境)은 나라와 나라의 영역을 가르는 경계를 말하지요. 사랑에는 국경도 없다는 말도 있는데, 짝꿍한테 너무하네요.

힘이 센 사람이 있으면 약한 사람이 있는 것처럼, 나라 사이에도 그럴까요? 위 그림의 여학생처럼 군사의 힘이 강하고 다른 나라에 영향력을 크게 미치는 나라를 강대국(強大國)이라고 해요. 강대국의 반대는 약소국(弱小國)이라고 하지요.

우리도 열심히 뛰어 **선진국**이 되는 거야!

선진국(先進國)은 보통 경제적으로 풍요로운 나라들을 말해요. 하지만 잘사는 나라라고 해서 다 선진국이라고 하지는 않아요.

> 다음 중에서 선진국인지 아닌지를 판단하는 기준으로 적당한 것을 모두 골라 볼까요? (   )
>
> ① 과학 기술의 발달 정도   ② 복지 수준
> ③ 의식과 문화 수준의 정도   ④ 나라 땅의 크기

정답은 ①, ②, ③번이에요. 선진국의 판단 기준에 나라 땅의 크기는 상관없답니다. 땅은 좁지만 선진국인 나라들도 많거든요. 과학 기술이 발달하거나 복지 수준이 높은 나라를 선진국이라고 하지요. 선진국과 반대로 다른 나라들에 비해 정치, 경제, 문화 등이 뒤떨어진 나라를 후진국(後進國)이라고 하지요.

■ **국경**(國 境경계 경)
나라와 나라의 영역을 가르는 경계

■ **강대국**
(強강할 강 大클 대 國)
강하고 큰 나라

■ **약소국**
(弱약할 약 小작을 소 國)
약하고 작은 나라

■ **선진국**
(先먼저 선 進나아갈 진 國)
다른 나라보다 정치·경제·문화 등의 발달이 앞선 나라

■ **후진국**(後뒤 후 進國)
다른 나라보다 정치·경제·문화 등의 발전 수준이 뒤떨어진 나라

🔔 **국제**
국제(國 際사이 제)란 나라 사이에 관계되는 것, 여러 나라가 모여서 이루는 것을 말해요.

🔔 **동맹국**
서로 돕기로 맹세한 나라를 동맹국(同함께 동 盟맹세 맹 國)이라고 해요.

🔔 **침략국**
정당한 이유 없이 남의 나라를 쳐들어 가는 나라는 침략국(侵습격할 침 略빼앗을 략 國)이라고 해요.

일정한 영토가 있고, 그곳에 사는 사람들에게 주권이 있는 사회 집단을 국가(國家)라고 하지요. 국가를 구성하는 사람을 국민(國民)이라고 하고요. 한 나라의 국민이 되려면 그 나라의 국적(國籍)을 가지고 있어야 해요.

> 우리나라는 주권이 국민에게 있는 공화국이며, 우리나라의 정식 □□는 대한민국입니다. '나라의 이름' 이라는 말로 빈칸에 들어갈 낱말은 무엇일까요? (   )
>
> ① 채식   ② 국호   ③ 국기   ④ 국가

정답은 ② 국호(國號)지요. 국호를 국명(國名)이라고도 해요. 각 나라에는 그 나라를 상징하는 깃발이 있어요. 이것을 국기(國旗)라고 하지요. 국기에도 이름이 있답니다.

> 다음 중 국가와 국기가 잘못 짝지어진 것은 무엇일까요? (   )
>
> ① 대한민국 – 태극기   ② 일본 – 일장기
> ③ 미국 – 성조기   ④ 프랑스 – 인공기

정답은 ④번이에요. '인공기'는 북한의 국기예요. 프랑스 국기는 '트리컬'이라고 부르죠.

나라의 경사를 기념하기 위해 국가에서 법률로 정한 기념일을 국경일(國慶日)이라고 해요.

國 　나라 국

국가(國 家집 가)
일정한 영토와 거기에 사는 사람들로 구성되고, 주권에 의한 하나의 통치 조직을 가지고 있는 사회 집단

국민(國 民백성 민)
국가를 구성하는 사람, 그 나라의 국적을 가진 사람

국적(國 籍호적 적)
한 나라의 구성원이 되는 법률상의 자격

국호(國 號이름 호)
나라의 이름
= 국명(國 名이름 명)

국기(國 旗기 기)
한 나라의 역사나 국민성 등을 상징하기 위해 정한 기

국경일
(國 慶경사 경 日날 일)
나라의 경사를 기념하기 위해 법률로 정한 기념일

🔔 **국경일**
우리나라 국경일은 삼일절(3/1), 제헌절(7/17), 광복절(8/15), 개천절(10/3), 한글날(10/9)입니다.

충성!
조국의 부름을
받고 왔습니다.

조국(祖國)은 조상 때부터 대대로 살던 나라를 말해요. 자기의 국적이 속한 나라이지요.

한편, 고국(故國)은 남의 나라에 있는 사람이 자신의 조상 때부터 살던 나라를 말해요.

또, 자기가 태어난 나라를 모국(母國)이라고 하지요. 고국과 모국, 모두 외국에 나가 있는 사람이 본래의 자기 나라를 말할 때 쓰는 말이에요. 자기 나라의 말은 모국어예요.

집안마다 조상 대대로 물려 내려 오는 보물인 가보가 있다면, 나라에는 나라의 보배인 국보(國寶)가 있어요. 매우 귀하고 소중한 것이기에 국민 모두가 아끼고 보호해야 하지요.

내 머리 크기는
국보급이지.

우와~

저런 건
안 부러워해도
되거든!

말로만 애국하지 말고
국산품 애용하라고!!!

애국심으로 불타고 있는 남자가 한마디 했네요.

맞아요. 나라 사랑, 즉 애국(愛國)은 특별한 게 아니에요. 자기 나라에서 생산한 물건인 국산품(國産品)을 애용하는 사람이 진정한 애국자 아닐까요?

■ **조국**(祖조상 조 國)
조상 대대로 살던 나라

■ **고국**(故연고 고 國)
남의 나라에 있는 사람이 자신의 조상 때부터 살던 나라를 이르는 말

■ **모국**(母어미 모 國)
자기가 태어난 나라

■ **모국어**(母國語말 어)
자기 나라 말

■ **국보**(國 寶보배 보)
나라의 보배. 나라에서 지정하여 법률로 보호하는 문화재

■ **애국**(愛사랑 애 國)
자기 나라를 사랑함

■ **애국심**(愛國 心 마음 심)
자기 나라를 사랑하는 마음

■ **애국자**(愛國 者사람 자)
자기 나라를 사랑하는 사람

■ **국산품**
(國 産만들 산 品물건 품)
자기 나라에서 생산한 물품

🔔 **애국가**
애국가(愛國 歌 노래 가)는 나라를 사랑하는 뜻으로 온 국민이 부르는 우리나라의 국가(國歌)를 말하죠.

삼	국	유	사		국	내		약	소	국		국	경	일		국	가
삼	국	사	기		국	경		강	대	국		국	산	품		고	국

나라 **국**

삼국지

삼국사기

삼국유사

국내

국내산

외국

외국인

국경

강대국

약소국

선진국

후진국

국제

동맹국

침략국

국가

1 공통으로 들어갈 한자를 따라 쓰세요.

| 가 | | | | 외 |

경 일   **國**   삼 사 기

| 민 | | | | 고 |

나라 **국**

2 어떤 낱말에 대한 설명인지 쓰세요.

1) 나라의 이름 ➡ ☐☐

2) 다른 나라보다 정치·경제·문화 등의 발달이 앞선 나라 ➡ ☐☐☐

3) 한 나라의 구성원이 되는 법률상의 자격 ➡ ☐☐

4) 정당한 이유 없이 남의 나라를 쳐들어가는 나라 ➡ ☐☐☐

5) 나라의 보배, 나라에서 지정하여 법률로 보호하는 문화재 ➡ ☐☐

3 알맞은 낱말을 찾아 문장을 완성하세요.

1) ☐☐ 의 독립을 위해 내 한 몸 바치겠소!

2) 아무리 세계화 시대라 해도 ☐☐☐ 를 소홀히 해서는 안 돼.

3) 우리나라의 국가인 ☐☐☐ 는 안익태 선생님이 작곡하셨어.

4) 고려가 망하자 이성계는 새 나라를 세우고 ☐☐ 를 조선이라고 정했어.

5) 나에게는 외국에 살면서 편지를 주고받는 ☐☐☐ 친구가 있어.

4 문장에 어울리는 낱말을 골라 ○표 하세요.

1) 역시 소고기는 (국내외 / 국내산) 한우가 최고야!

2) 나라의 자랑이자 보물인 (국보 / 국기)를 소중히 해야 해.

3) 나는 대한민국의 (국민 / 국호)인 것이 자랑스러워.

4) 강하고 큰 나라는 (강대국 / 약소국), 약하고 작은 나라는 (강대국 / 약소국)이야.

5) 3월 1일은 우리나라의 3·1운동을 기념하기 위해 제정한 (국경 / 국경일)이야.

5 그림을 보고, 알맞은 낱말을 쓰세요.

우리나라 5대 □□□은?

그거야 간단하지. 삼일절, 제헌절, 광복절, 개천절, 한글날이야!

☐☐☐

6 그림을 보고, 알맞은 낱말을 쓰세요.

1) 고려 시대 김부식이 삼국의 역사에 대해 쓴 책은 ☐☐☐☐

2) 고려 시대 일연이 쓴 역사서는 ☐☐☐

| 국민 |
| 국적 |
| 국호 |
| 국명 |
| 국기 |
| 국경일 |
| 조국 |
| 고국 |
| 모국 |
| 모국어 |
| 국보 |
| 애국 |
| 애국심 |
| 애국자 |
| 국산품 |
| 애국가 |

씨글자 기본어휘

민초를 위해 만든 훈민정음

아마 훈민정음이 만들어지지 않았더라면 우리는 매일매일 어려운 한자를 공부했을 거예요. 훈민정음(訓民正音)은 백성을 가르치는 바른 소리라는 뜻이죠.

한자를 모르던 백성들을 위해 세종 대왕이 만든 글자가 바로 훈민정음이에요. 여기서 민(民)은 백성을 말하죠.

옛날엔 신분 사회였던 것 알지요? 양반은 지배층 신분이었지요. 반면, 벼슬이 없는 보통의 사람들을 양반과 구별하여 평민(平民)이라고 불렀어요. 오늘날엔 벼슬이 없고 특권 계급이 아닌 보통의 사람을 서민(庶民)이라고 하지요. 그럼 백성이라는

뜻을 생각하며 빈칸을 채워 볼까요?

백성의 마음을 뜻하는 말은 ☐심, 예로부터 백성들 사이에 전해 내려오는 이야기는 ☐담, 예로부터 백성들 사이에 불려 오던 노래는 ☐요,

---

民 백성 민

■ **훈민정음**
(訓가르칠 훈 民 正바를 정 音소리 음)
백성을 가르치는 바른 소리

■ **평민**(平평범할 평 民)
특권 계급이 아닌 일반 백성

■ **서민**(庶여러 서 民)
보통의 사람

■ **민심**(民 心마음 심)
백성의 마음

■ **민담**(民 譚이야기 담)
예로부터 백성들 사이에 전해 내려오는 이야기

■ **민요**(民 謠노래 요)
예로부터 백성들 사이에 불려 오던 노래

포악한 정치에 반대하여 백성들이 일으킨 폭동은 □란,
질긴 생명력을 가진 잡초에 비유하여 백성을 이르는 말은 □초.

일반 백성들 사이에 전해 내려오는 생활과 풍습은 민속(民俗)이
에요. 여기서 '일반 백성들 사이'라는 말은 민간(民間)이란 말과
바꾸어 쓸 수 있어요. 그래서 백성들 사이에서 예로부터 전해
내려오는 신앙은 민간 신앙, 백성들 사이에 예로부터 전해 내려
오는 치료법은 민간요법이에요.
정약용 선생의 저서 중에 목민심서(牧民心書)가 있어요. 목민
이란 백성을 다스려 기른다는 뜻이에요. 이러한 일을 하는 관리
를 목민관이라고 하는데, 목민관의 올바른 마음가짐과 몸가짐
에 관해 쓴 책이 바로 목민심서지요.

각 나라의 국민성이 잘 드러나는군요. 국민성이란 한 나라의 국
민에게 공통적으로 나타나는 사고방식이나 행동 양식을 말하지
요. 국민(國民)은 나라의 백성, 즉 한 나라를 구성하는 사람들
을 말하지요. 우리나라 국민이라면 국민인 동시에 도민이기도
하고, 시민이거나 군민이기도 해요.

■ **민란**(民 亂어지러울 란)
백성들이 일으키는 반란
■ **민초**(民 草풀 초)
백성을 잡초에 비유하여 이르
는 말
■ **민속**(民 俗풍속 속)
백성들 사이에 전해 내려오는
생활과 풍습
■ **민간**(民 間사이 간)
일반 백성들 사이
■ **민간 신앙**
(民間 信믿을 신 仰우러를 앙)
백성들 사이의 신앙
■ **민간요법**
(民間 療병고칠 요 法법 법)
민간에 전해 내려오는 질병 치
료법
■ **목민심서**
(牧기를 목 民心 書책 서)
목민관의 몸과 마음가짐에 관
해 쓴 책
■ **목민관**
(牧民 官벼슬 관)
백성을 다스려 기르는 관리
■ **국민**(國나라 국 民)
나라의 백성
■ **국민성**(國民 性성질 성)
한 나라의 국민에게 공통적으
로 나타나는 사고방식이나 행
동 양식
■ **도민**(道경계 도 民)
■ **시민**(市도시 시 民)
■ **군민**(君경계 군 民)

민방위(民防衛)란 적의 침략이나 천재지변으로 인한 피해를 막기 위해 민간인이 주축이 되어 벌이는 비군사적 활동을 말하지요. 여기서 민간인(民間人)이란 관리나 군인이 아닌 일반 백성을 뜻하지요. 이럴 때 민(民)은 국가나 관청에 속하지 않은 것을 말해요.

그렇다면 민영(民營) 방송의 뜻은 무엇일까요? (   )

① 국가 기관에서 운영하는 방송
② 민간 자본으로 운영하는 방송

정답은 ②번이지요. ①번은 국영 방송이라고 해요. 국가나 관청에서 운영하던 것을 민간인이 받아 운영하게 되는 경우도 있어요. 이를 민영화라고 하지요.

침을 뱉었다고 기분 나빠할 것 없어요. 아프리카 원주민인 마사이족의 인사법이니까요. 원주민(原住民)은 그 지역에 본디부터 살고 있는 사람들을 말해요. 그럼 그 나라 본디의 말을 쓰는 사람은 누구일까요? 네, 원어민(原語民)이라고 하지요.

民 민간 민

■ **민방위**
(民 防막을 방 衛지킬 위)
적의 침략이나 천재지변으로 인한 피해를 막기 위해 민간인이 주축이 되어 벌이는 비군사적 활동

■ **민간인**
(民 間사이 간 人사람 인)
관리나 군인이 아닌 일반인

■ **민영**(民 營경영할 영)
민간인이 하는 경영

■ **민영화**(民營 化될 화)
민간인이 운영하게 됨

民 사람 민

■ **원주민**
(原근원 원 住살 주 民)
그 지역에 본디부터 살고 있는 사람

■ **원어민**(原 語말씀 어 民)
그 나라 말을 쓰는 사람

20

한편, 전쟁이나 재난으로 먹을 것이 없어 굶주리는 사람들을 난민 (難民), 가난한 사람들은 빈민(貧民)이라고 해요. 여기서 민(民) 은 사람이란 말이죠.

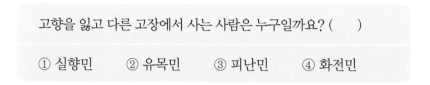

고향을 잃고 다른 고장에서 사는 사람은 누구일까요? (   )

① 실향민   ② 유목민   ③ 피난민   ④ 화전민

정답은 ① 실향민(失鄕民)이에요. 남한에도 6·25 전쟁으로 인해 북한의 고향을 떠나온 실향민이 많이 있어요.

이재민에게 구호물자를 보내기로 했습니다.

재민아, TV에 나왔어.

그런 썰렁 개그는 좀 그만하지?

여기서 이재민(罹災民)은 뜻하지 않게 화재, 지진 등의 재해를 입은 사람들을 말하는 거예요. 이재민 중에서도 홍수나 장마 따 위의 물로 재해를 입은 사람들을 수재민(水災民)이라고 하고요. 한편, 농사짓는 일을 직업으로 하는 사람을 농민(農民), 물고기 잡는 일을 직업으로 하는 사람을 어민(漁民)이라고 하지요. 여기 서 '민'은 어떤 직업에 종사하는 사람이라는 말로 쓰인 것이지요.

■ **난민**(難어려울 난 民)
전쟁이나 재난으로 곤경에 처한 사람

■ **빈민**(貧가난할 빈 民)
가난한 사람

■ **실향민**
(失잃을 실 鄕고향 향 民)
고향을 잃고 다른 고장에서 사는 사람

■ **이재민**
(罹근심 이 災재앙 재 民)
재해를 입은 사람

■ **수재민**(水물 수 災 民)
물로 재해를 입은 사람

民 **직업인 민**

■ **농민**(農농사 농 民)
농사짓는 것을 직업으로 하는 사람

■ **어민**(漁물고기 잡을 어 民)
물고기를 잡는 것을 직업으로 하는 사람

| 평 | 민 | 서 | 민 | 민 | 심 | 민 | 담 | 원 | 주 | 민 | 민 | 란 |
| 민 | 요 | 민 | 속 | 시 | 민 | 농 | 민 | 실 | 향 | 민 | 난 | 민 |

백성 민

훈민정음

평민

서민

민심

민담

민요

민란

민초

민속

민간

민간 신앙

민간요법

목민심서

목민관

국민

국민성

도민

1 공통으로 들어갈 한자를 따라 쓰세요.

초
실 향
心民
훈 정 음
시

심
백성 민
농

2 어떤 낱말에 대한 설명인지 쓰세요.

1) 보통의 사람 ➡ ☐☐

2) 예로부터 백성들 사이에 전해 내려오는 이야기 ➡ ☐☐

3) 한 나라의 국민에게 공통적으로 나타나는 사고방식이나 행동 양식

➡ ☐☐☐

4) 그 나라 말을 쓰는 사람 ➡ ☐☐☐

5) 재해를 입은 사람 ➡ ☐☐☐

3 알맞은 낱말을 찾아 문장을 완성하세요.

1) 매월 15일은 ☐☐☐의 날이야.

2) 이번 홍수로 인해 수많은 ☐☐☐이 생겼어.

3) 정월대보름을 맞아 우리 가족은 ☐☐ 놀이를 즐겼어.

4) 동남아로 여행을 갔는데 외모 때문에 ☐☐☐으로 오해를 받고
말았지.

5) ☐☐☐ 수준으로 영어를 하려면 얼마나 열심히 공부해야 할까?

4 문장에 어울리는 낱말을 골라 ○표 하세요.

1) 내가 보내는 구호물자가 (원어민 / 이재민)에게 도움이 되었으면.

2) 우리 할아버지는 6·25 전쟁 때 남한으로 내려온 (난민 / 실향민)이셔.

3) 중동에 전쟁이 심해져서 피난을 가는 (난민 / 실향민)이 많아.

4) 백성이 글을 모르는 것이 안타까웠던 세종대왕이 (목민심서 / 훈민정음) 을(를) 만들었어.

5) 잘못된 정책 때문에 (민심 / 민담)이 흔들리고 있어.

시민
군민
민방위
민간인
민영
민영화
원주민
원어민
난민
빈민
실향민
이재민
수재민
농민
어민

5 그림을 보고, 알맞은 낱말을 쓰세요.

□□ , □□

6 그림을 보고, 알맞은 낱말을 쓰세요.

□□□

열 살 동갑내기, 3학년 동급생!

同
같을 동

감자돌이와 버섯돌이는 □□이에요. 빈칸에 들어갈 말은 무엇일까요? ( )

① 약점　　② 동점　　③ 동계　　④ 동쪽

맞아요, 정답은 동점(同點)이에요. 점수가 같다는 거예요. 이처럼 동(同)은 '같다'를 뜻하지요.

다른 사람의 아픔이나 딱한 처지를 이해하고 그 사람과 같은 마음을 갖는 것을 동정심이라고 해요. 남의 어려운 처지를 안타깝게

여기는 마음이지요.

나이가 같은 사람은 □갑,

뜻을 같이하는 사람은 □지,

일하는 곳이 같은 사람은 □료,

학급이 같거나 학년이 같은 사람은 □급생이에요.

↑ 최홍만 어릴 적

同　같을 동

동점(同 點점수 점)
같은 점수

동정심
(同 情인정 정 心마음 심)
남의 처지를 이해하고 그와 같은 마음을 가짐

동갑(同 甲나이 갑)
나이가 같은 사람

동지(同 志뜻 지)
같은 뜻을 가진 사람

동료(同 僚동료 료)
일하는 곳이 같은 사람

동급생
(同 級등급 급 生학생 생)
학급이나 학년이 같은 사람

동심원

연못에 돌을 던져 본 적 있나요?

동그라미가 점점 크게 번져 가지요?

　크기는 달라지지만 돌이 떨어진 동그라미의 중심은 같아요.

이렇게 중심이 같은 동그라미를 동심원(同心圓)이라고 하지요.

빈칸을 채우면서 계속 읽어 볼까요?

시간이나 때가 같으면 □시,

등급이나 정도가 같으면 □등이라고 하지요.

우리도 쟤랑 **동등**하게 밥 주세요

코끼리와 동등(同等)하게 밥을 달라고 하면, 코끼리와 같은 정도의 밥을 달라는 뜻이에요.

그런데 '같다'라는 뜻은 '하나(一)'라는 말과도 잘 통해요. 동갑은 한 나이, 동급생은 한 반 친구이기도 하지요. 그래서 아주 똑같아 다른 점이 조금도 없으면 동일(同一)하다고 해요.

'하나'를 뜻하는 동(同)과 '일(一)'이 합쳐진 말이지요.

'마음도 하나 몸도 하나'를 나타내는 말은 무엇일까요? (　　)

① 이심이체　　　② 삼심삼체　　　③ 일심동체

정답은 ③번 일심동체예요. 한마음 한 몸이라는 뜻이에요. '부부는 일심동체'라고들 하지요? 남편과 아내는 서로 다른 남이에요. 하지만 둘의 사이가 너무 좋을 때 '한마음 한 몸'과 다를 바 없어서 일심동체라고 하는 거랍니다.

■ 동심원

(同 心중심 심 圓둥글 원)

중심이 같은 원

■ 동시(同 時때 시)

같은 때

■ 동등(同 等등급 등)

같은 등급, 같은 정도

🔔 **동변상련**

동병상련(同 病병들 병 相서로 상 憐불쌍할 련)은 같은 병을 앓거나 같은 처지에 있는 사람들끼리 서로 가엾게 여긴다는 뜻이에요.

同	하나 동

■ 동일(同 一하나 일)

다르지 않고 하나임

■ 일심동체

(一 心마음 심 同 體몸 체)

한마음 한 몸

아빠, 엄마가 함께 부부 동반 모임에 참석하시는 것을 본 적이 있나요? 동반(同伴)은 함께 짝을 이루는 거예요. 여기서 동(同)은 '같이', '함께'를 뜻해요.

함께하는 일에는 어떤 것이 있는지 빈칸을 채워 볼까요?

탈것을 같이 타면 □승,

길을 같이 가면 □행,

어떤 일에 같이 참가하면 □참이에요.

> 부부나 가족이 괴로운 일도, 즐거운 일도 함께해야 하는 것을 뜻하는 말은 무엇일까요? (　　)
>
> ① 동고동락　　② 동서남북　　③ 동방박사

정답은 ①번 동고동락(同苦同樂)이에요.

한 가족끼리는 보통 한 집에 같이 살면서 밥을 같이 먹고, 함께 생활하지요? 이렇게 함께하는 것을 공동(共同)이라고 해요. 공동으로 생활할 때는 서로서로 힘을 잘 합쳐야 해요.

함께 힘을 합치는 것은 협동이에요.

식구들이 협동하려면 뜻이 맞아야겠지요?

뜻이나 생각을 함께하는 것은 동의,

느낌을 함께하는 것은 동감이에요.

同　같이 동

- **동반**(同 伴짝 반) 같이 짝을 이룸
- **동승**(同 乘탈 승) 탈것을 같이 탐
- **동행**(同 行갈 행) 같이 감
- **동참**(同 參참여할 참) 같이 참여함

同　같이할 동

- **동고동락**(同 苦괴로울 고 同 樂즐거울 락) 괴로움도 즐거움도 함께함
- **공동**(共함께 공 同) 함께 같이함
- **협동**(協합할 협 同) 힘을 합쳐 함께함
- **동의**(同 意뜻 의) 뜻을 같이함
- **동감**(同 感느낌 감) 느낌을 함께함

🔔 **동업과 동맹**

사업을 같이하면 동업(同 業일 업), 함께할 것을 맹세하면 동맹(同 盟맹세 맹)이에요.

감자돌이는 이성 친구가 없어서 서운한가 봐요.
남녀 성별이 같으면 동성(同性), 남녀 성별이
다르면 이성(異性)이라고 해요.
금방 눈치 챘나요? 그래요, 동(同)의
반대말이 바로 '다르다'의 뜻인
이(異)예요. 생각이 서로 같으면
'동의'라고 했죠? 생각이 서로 다르면 이의라고 하지요.
반대말인 '동'과 '이'를 함께 쓰는 말들을 알아볼까요?
여러 사람이 한 목소리를 낼 때는 이구동성(異口同聲)이라고
하지요. '입은 다르지만 목소리는 같다', 즉 여러 사람의 말이 한
결같다는 말이에요.

저런, 지구를 지키는 독수리 5형제와 이름만 같지, 사람은
다른 동명이인(同名異人)이네요.
대동소이(大同小異)란 말도 있어요. 작은 차이는 있으
나 크게 보면 같다는 말이지요.

異 다를 이

동성(同 性성별 성)
성별이 같음

이성(異 性)
성별이 다름

이의(異 意뜻 의)
뜻이 다름

이구동성
(異 口입 구 同 聲소리 성)
입은 다르지만 목소리는 같음

동명이인
(同 名이름 명 異 人사람 인)
이름은 같지만 사람이 다름

대동소이
(大클 대 同 小작을 소 異)
작은 차이가 있지만 크게 보면
같음

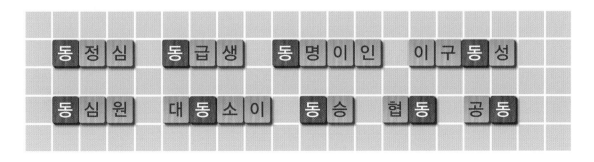

同
같을 동

동점

동정심

동갑

동지

동료

동급생

동심원

동시

동등

동병상련

동일

일심동체

동반

동승

동행

① 공통으로 들어갈 한자를 따라 쓰세요.

점

행

급 생

同
같을 동

고 락

공

협

② 어떤 낱말에 대한 설명인지 쓰세요.

1) 남의 처지를 이해하고 그와 같은 마음을 가짐 → ☐☐☐

2) 다르지 않고 하나임 → ☐☐

3) 같은 뜻을 가진 사람 → ☐☐

4) 같이 참여함 → ☐☐

5) 성별이 같음 → ☐☐

③ 알맞은 낱말을 찾아 문장을 완성하세요.

1) 가게 주인과 범인이 ☐☐ 인물이라면서?

2) 내 사촌과 나는 나이가 같은 ☐☐ 이야.

3) 학교에서 열린 불우이웃돕기 바자회에 ☐☐ 했어.

4) 오늘 저녁에 엄마와 아빠는 부부 ☐☐ 모임에 가셨어.

4 문장에 어울리는 낱말을 골라 ○표 하세요.

1) 선생님은 모든 학생들을 (동감 / 동등)하게 대해야 해.

2) 그 일을 하기 위해 나는 (공동 / 동지)이(가) 필요해.

3) 나는 네 말에 (동정 / 동의)할 수 없어.

4) 우리 자동차에 남는 자리가 없어서 그 사람을 (협동 / 동승)하게 할 수
   없었어.

5) 우리는 (일심동체 / 대동소이)! 네 배가 부르면 내 배도 불러.

5 그림을 보고, 알맞은 낱말을 쓰세요.

6 그림을 보고, 알맞은 낱말을 연결하세요.

1)  2)  3)

동	명	이	인

이	구	동	성

대	동	소	이

동참

동고동락

공동

협동

동의

동감

동업

동맹

동성

이성

이의

이구동성

동명이인

대동소이

 씨글자 기본 어휘

엄마 아빠! 오늘 우리 외식해요

外 **바깥 외**

나, 줄반장 됐어. 밖에서 맛난 거 사줘.

뭐얏!

콩이는 오늘 □□을 할 수 있을까요? 빈칸에 들어갈 알맞은 낱말은 무엇일까요? ( )

① 야식   ② 간식   ③ 외식   ④ 후식

맞아요, ③번 외식이에요. 외식(外食)은 집 밖에서 사 먹는 밥이에요. 이렇게 외(外)는 '바깥' 또는 '밖'이란 뜻을 가지고 있지요.
겨울에 외식하러 나가려면 외투를 입지요? 외투(外套)는 코트나 점 퍼같이 겉옷 위에 덧입는 옷이에요. 가장 바깥에 입는 옷이지요.
밖으로 나가는 것은 외출(外出)이에요. 외출은 안에서 밖으로 나가는 것뿐만 아니라 '나들이'를 말하기도 해요.
어디 놀러 갈 때 '우리 외출한다'라고 하잖아요.

外 **바깥 외**

- **외식**(外 食먹을 식)
  밖에서 사 먹는 밥
- **외투**(外 套덮개 투)
  겉옷 위에 입는 옷
- **외출**(外 出날 출)
  밖으로 나가는 것, 나들이

외식하러 가나 봐요. 빈칸에 들어갈 말은 무엇일까요? ( )

① 시외   ② 예외   ③ 해외

맞아요. 정답은 ①번 시외예요.

아빠, 어디로 갈 거예요?

글쎄~ 시내? 아님 □□로 나갈까?

부르룽

30

시외(市外)는 도시 밖이에요. 도시 바깥
은 시외, 시외 가운데서도 산과 들 같
은 자연이 있는 곳은 야외지요. 야외
는 도시 바깥의 들판을 말하지요.
교실 안에서는 실내화를 신지요?
그럼 교실 밖에서 신는 신발은 무엇일까요?
맞아요, 실외화(室外靴)라고 한답니다.
'바깥 외(外)'에는 다른 뜻도 있어요.

아, 어여 끊어.
시외 전화비가
월매나 비싼디…

■ **시외**(市 도시 시 外)
도시의 바깥

■ **야외**(野 들 야 外)
도시 밖의 들판

■ **실외화**
(室 건물 실 外 靴 신발 화)
건물 바깥에서 신는 신발

오른쪽 그림의 밑줄 친 말을 알맞은
다른 낱말로 바꾸어 볼까요? (   )

① 외모   ② 외투   ③ 외양간

이 세상에서
누가 제일 예쁘지?

흥! 겉모습보다는
마음이 예뻐야지요.

정답은 ①번 외모(外貌)예요.
여기서 외(外)는 '겉'을 뜻하지요. 우리 몸 안이 아니라 밖으로
드러나는 부분이니까 '겉'이에요. 외모와 비슷한 말에는 외양,
외형, 외관이 있어요. 모두 '겉모습'을 뜻하지요.

外   겉 외

■ **외모**(外 貌 모양 모)
겉모양
= 외양(外 樣 모양 양)
= 외형(外 形 모양 형)
= 외관(外 觀 볼 관)

■ **외과**(外 科 과목 과)
몸 밖의 상처를 치료하거나 수
술을 하는 병원

놀이터에서 놀다가 무릎이 찢어지면 어떤 병원에 가야 할까
요? (   )

① 내과   ② 외과   ③ 치과   ④ 이비인후과

🔔 **외유내강**
외유내강(外 柔 부드러울 유 內 안
내 剛 굳셀 강)은 '겉으로 보기에
는 부드러우나 속은 꿋꿋하고
강하다'는 말이에요. '남에게는
부드러우나 자신에게는 엄격하
다'란 뜻도 있어요.

정확하게 알고 있네요. 정답은 ②번 외과예요. 외과(外
科)는 몸의 겉에 난 상처를 치료하는 곳이에요.
몸 안에 있는 병이라도 수술을 해야 하면
외과로 가야 해요. 내과는 몸 안의 병을
다루지만, 수술을 하지는 않는답니다.

어머, 많이
찢어졌네! 얼른 **외과**에
가서 꿰매야겠다.

욱신
욱신

外	바깥 외

해외(海바다 해 外)
다른 나라

국외(國나라 국 外)
나라 바깥, 반대말은 국내

외계(外 界세계 계)
지구 밖의 세계

외계인(外界 人사람 인)
지구 바깥에서 온 생명체

외국(外 國)
바다 밖에 있는 다른 나라

외국인(外 國 人)
다른 나라 사람

외국어(外 國 語말 어)
다른 나라 말

외국산 제품
(外 國 産날 산 製만들 제
品물건 품)
다른 나라에서 만든 물건
= 외제품

콩이 엄마는 어디로 놀러가려는 걸까요? (　　　)

① 해외　　　② 실내　　　③ 외과　　　④ 외계

맞아요, ① '해외'예요. 해외(海外)는 우리나라 바다 바깥쪽을
말해요. 해외와 비슷한 말로 국외가 있지요. 그럼 외계는 어디
일까요? 우리가 사는 지구 밖의 세계를 말하지요. 지구 바깥에서
온 생명체는 외계인이라 하지요.

바다 건너 바깥쪽에 있는 다른 나라는 외국(外國), 다른 나라
사람은 □□인, 다른 나라 말은 □□어, 다른 나라에서 만
든 물건은 □□산 제품이지요.

외국산 제품을 줄인 말이 외제품(外製品)이에요.

다른 나라와 사이좋게 지내려면 외교를 잘해야 해요. 외교는 다
른 나라와 관계를 맺는 것을 말한답니다.

그럼 외교를 맡아보는 사람을 무엇이라고 할까요?

바로 외교관이에요.

外	외국 외

외교(外 交사귈 교)
외국과 관계를 맺는 것

외교관(外 交 官관리 관)
외교를 맡아보는 관리

외침(外 侵침략할 침)
외국의 침략

외적(外 敵적 적)
쳐들어온 다른 나라

외교 관계가 나빠져서 외국이
우리나라로 쳐들어오는 것은
외침, 쳐들어온 다른 나라는
외적이라고 하지요.

이처럼 외(外)는 '외국'이라는 뜻도
가지고 있어요.

자, 할머니 댁에 가자.

친할머니? 외할머니?

할머니가 두 분이라 콩이가 헷갈리나 보네요.
엄마의 엄마는 누구일까요? ☐할머니.
그래요, 외할머니예요.
그럼 엄마의 아빠는?
당연히 외할아버지겠지요?

엄마가 결혼하기 전에 살았던 집은 외가(外家)예요. 여기서 외는 '엄마의 집안'이라는 뜻이에요. 그럼 엄마의 아들인 나는 외할아버지한테 누구일까요?

역시 '외'가 붙은 외손자(外孫子)가 정답이에요. 내가 여자라면 외할아버지와 외할머니에게 외손녀(外孫女)가 되겠지요?

그런데 왜 엄마 쪽 집안을 가리키는 말에는 '외'가 붙을까요?
그것은 옛날부터 내려온 전통 때문이에요. 우리나라는 아버지 중심으로 가문을 이어 왔잖아요?
그래서 아빠 쪽 집안에 '가깝다'라는 뜻의 '친(親)'을, 엄마 쪽 집안은 멀다고 해서 '외'를 붙였어요. 오른쪽은 엄마를 중심으로 하여 그림으로 나타낸 가족이에요.

외할아버지 　 외할머니

아빠 　 엄마 　 외삼촌 　 외숙모
엄마의 남동생 또는 오빠 　 외삼촌의 부인

└── 사촌 간 ──┘

外 엄마 집안 외

■ 외(外)할머니
엄마의 엄마

■ 외(外)할아버지
엄마의 아빠

■ 외가(外 家집 가)
엄마 쪽 집안

■ 외손자(外孫손자손 子아들 자)
외할머니와 외할아버지의 손자. 딸이 낳은 아들

■ 외손녀(外孫 女딸 녀)
외할머니와 외할아버지의 손녀. 딸이 낳은 딸

🔔 이모와 고모
이모는 엄마의 여자 형제, 고모는 아빠의 여자 형제예요.

🔔 이종 사촌, 고종 사촌
엄마 쪽 사촌은 이종 사촌, 아빠 쪽 사촌은 고종 사촌이에요.

외식　외투　외모　외계　외손자　외관

외국　외출　국외　해외　외교관　외가

外
바깥 외

외식

외투

외출

시외

야외

실외화

외모

외양

외형

외관

외과

외유내강

해외

국외

외계

외계인

외국

1 공통으로 들어갈 한자를 따라 쓰세요.

| 출 |
| 모 |

계 인

外
바깥 **외**

유 내 강

| 해 |
| 시 |

2 어떤 낱말에 대한 설명인지 쓰세요.

1) 코트같이 겉옷 위에 입는 옷 ➡ ☐☐

2) 건물 바깥에서 신는 신 ➡ ☐☐☐

3) 몸 밖의 상처를 치료하거나 수술하는 병원 ➡ ☐☐

4) 외국과 관계를 맺는 것 ➡ ☐☐

5) 엄마 쪽 집안 ➡ ☐☐

3 알맞은 낱말을 찾아 문장을 완성하세요.

1) ☐☐ 이 쳐들어올 것에 대비해 이순신 장군이 거북선을 만들었대.

2) 그 연필은 다른 나라에서 만든 ☐☐☐ 제품이야.

3) 넘어져서 무릎이 많이 찢어졌네. 빨리 ☐☐ 에 가서 꿰매야겠어.

4) 엄마는 ☐☐☐☐ 에게 소중한 딸이야.

5) 우주에서 비행접시를 타고 온 ☐☐☐ 들이 사람들을 잡아갔어.

4 문장에 어울리는 낱말을 골라 ○표 하세요.

1) 재석이네 할아버지는 (외적 / 외교관)이라서 여러 나라를 돌아다니셨대.

2) 여름 방학에 (외가 / 외계)가 있는 시골에 가서 (고종 / 이종)사촌들과 신

　나게 놀았어.

3) 나라가 힘이 약하면 주변 나라들이 쳐들어오는 (외침 / 외적)이 많아.

4) 나쁜 일을 한 범인이 경찰을 피해 (해외 / 외교)로 도망쳤대.

5) 오늘은 아버지의 생신이라 모처럼 (외식 / 외국)을 했어.

5 그림을 보고, 밑줄 친 말과 바꿔 쓸 수 <u>없는</u> 낱말을 고르세요. (　　)

① 외모　　　　② 외양　　　　③ 외과　　　　④ 외형

6 그림을 보고, 공통으로 들어갈 낱말을 쓰세요.

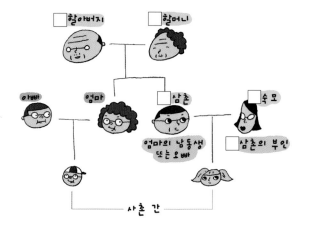

외국인
외국어
외국산 제품
외제품
외교
외교관
외침
외적
외할머니
외할아버지
외가
외손자
외손녀
이모
고모
이종 사촌
고종 사촌

씨글자 | 기본 어휘

장대를 들고 높이 뛰어라!

으아아~ **장대**가 너무 길어!

장대높이뛰기를 하고 있네요? 그런데 장대는 무엇일까요? (　　)

① 기다란 막대　　② 긴 대바구니　　③ 넓은 돗자리

맞혔나요? 정답은 ①번이에요. 장대는 기다란 막대를 말하지요!
장대높이뛰기는 장대의 도움으로 높이 뛰어오르는 경기예요.

그렇다면 장대비는 어떤 비를 말하는 것일까요? (　　)

① 가늘게 내리는 비
② 세차게 내리다가 그치는 비
③ 장대처럼 굵고 거세게 내리는 비

그래요! 정답은 ③번이지요. 여기서 장(長)은 '길다'를 뜻해요.
아래 빈칸에 들어갈 말을 알아볼까요?
목이 길게 올라오는 신은 □화,
몸이 뱀처럼 긴 물고기는 □어,
머리를 길게 기르면 □발. 맞아요, 모두 '장'이 들어가네요.

長　　길 장

- **장(長)대**
기다란 막대
- **장대비**
장대처럼 굵고 거세게 내리는 비
- **장화(長 靴**신 화**)**
목이 길게 올라오는 신
- **장어(長 魚**물고기 어**)**
몸이 뱀처럼 긴 물고기
- **장발(長 髮**머리털 발**)**
길게 기른 머리

응. **장발**이 유행이잖아.

오빠, 머리 많이 길렀네요?

36

■ **만리장성**
(萬일만 만 里거리 리
長 城성 성)
만 리를 쌓은 긴 성벽
■ **장신**(長 身몸 신)
큰 키
■ **장**(長)**거리**
긴 거리

중국의 만리장성은 길이가 만 리나 되는 긴 성벽이라서 이름도 만리장성(萬里長城)이라고 지었대요. 만 리면 약 4천 킬로미터니까 정말 대단하지요?

그런데 만 리나 되는 긴 성을 쌓는 데 시간이 얼마나 걸렸을까요? 무려 2천 년이나 걸렸대요. 정말 오랜 기간과 오랜 시간이지요? 이렇게 긴 기간은 장기간이라고 한답니다.

그럼 오랜 시간, 긴 시간은 무엇이라고 할까요? (   )

① 장식품   ② 장시간   ③ 장발장

長   **오래 장**

■ **장기간**
(長 期때 기 間사이 간)
오랜 기간
■ **장시간**
(長 時때 시 間)
오랜 시간

🔔 **장수**
장수(長 壽목숨 수)는 오래 산다는 말이에요.

딩동댕! 긴 시간은 ② 장시간을 말해요. 농구나 축구를 할 때, 먼 거리에서 쏜 슛이 들어가면 정말 멋지지요? 먼 거리를 한자말로는 장거리라고 한답니다.

'장거리'를 넣어 말을 지어 볼까요?

□□□ 슛! □□□ 달리기! □□□ 전화!

농구와 같은 운동을 할 땐 키가 큰 게 유리하지요?

장신(長身)은 키가 크고 몸이 길다는 말이에요.

長   **길이 장**

■ **신장**(身몸 신 長)
몸의 길이, 키

장신을 뒤집으면 신장!

신장(身長)은 몸의 길이, 즉 키를 말해요. 이때 장(長)은 길이를 뜻하지요.

너도 콩나물처럼 쑥쑥 자라렴.

엄마, 그럼 콩나물이 저보다 커져요?

푸훗! 콩나물은 하룻밤에도 한 뼘씩 쑥쑥 자라요. 그러니까 키가 쑥쑥 크라는 마음에서 하시는 말씀이에요.

長	자랄 장

■ **성장**(成이룰 성 長)
자람

■ **성장기**(成 長 期때 기)
한창 자라는 시기

■ **급성장**(急빠를 급 成長)
너무 빨리 자람

■ **성장통**(成 長 痛아플 통)
갑자기 성장하면서 느끼게 되는 아픔

■ **장성**(長成)
자라서 어른이 됨

다음 중 '자라다'라는 말은 무엇일까요? (   )

① 성장   ② 지장   ③ 반장   ④ 대장

정답은 ①번이에요. 사람이나 동식물이 자라서 점점 커지는 과정을 성장(成長)이라고 하지요. 여기서 장(長)은 '자라다'를 뜻해요.

나무가 자라 숲이 우거지듯이, 우리도 성장하지요. 한창 자라는 시기는 성장기, 너무 빨리 자라는 것은 급성장(急成長)이에요. 그런데 성장은 그리 쉽지 않아요. 성장의 아픔이 따르지요. 가끔 열심히 놀고 난 밤에 종아리나 허벅지가 아프지요? 그게 바로 성장통이에요. 우리가 잘 자라고 있다는 증거이기도 해요. 사춘기에 고민하거나 반항하는 것도 성장통이랍니다. 사춘기가 지나면 마음도 어른스러워지고 쑥쑥 성장하여 어른이 되면 장성(長成)하였다고 하지요.

아픈 만큼 큰다잖아.

아파.

🔔 이런 말도 있어요

장점(長點)은 긴 점일까요? 아니에요~ 여기서 장(長)은 '뛰어나다'라는 뜻이에요. '장점'은 다른 사람에 비해 좋거나 뛰어난 점을 말하지요. 장기(長技)는 내가 가장 잘하는 재주를 말해요.

■ **장점**(長 點점 점) 뛰어난 점
■ **장기**(長 技재주 기) 잘하는 재주

우와, 교장 선생님께 두목이라니…!
'교장'은 무슨 말일까요? (   )

① 학교의 길이   ② 학교가 자란다
③ 오래된 학교   ④ 학교의 최고 어른

두목님,
안녕하세요?

정답은 ④번이에요. 학교를 이끌어 나가는 최고 어른이 교장(校長) 선생님이에요. 장(長)은 '한 무리를 이끌어 가는 책임 있는 어른', '우두머리'라는 뜻도 가지고 있지요.

그럼 한 가정을 책임지고 있는 사람은 가장(家長)이라고 해요. '가장'은 엄마일 수도 있고, 아빠일 수도 있어요. 부모님이 안 계시면 어린아이가 '가장'이 될 수도 있지요. 아이가 가장일 때 '소년 소녀 가장'이라고 해요.

어떤 모임이나 단체를 책임지는 우두머리에는 또 누가 있는지 알아볼까요? 빈칸을 채워 가며 읽을 수 있겠지요?

회사를 책임지는 사람은 사□,
우리 반을 책임지는 사람은 반□,
우리가 사는 도시를 책임지는 사람은 시□,
배와 선원을 이끌며 책임지는 사람은 선□,
회의를 이끌며 대표하는 사람은 의□이라고 불러요.
옛날 서당에서 글과 예절을 가르쳐 주던 선생님은 훈□이에요.

長 **우두머리 장**

■ **교장**(校학교 교 長)
학교를 책임지는 사람

■ **가장**(家집 가 長)
가정을 책임지는 사람

■ **사장**(社회사 사 長)
회사를 책임지는 사람

■ **반장**(班반 반 長)
반을 책임지는 사람

■ **시장**(市도시 시 長)
시를 책임지는 사람

■ **선장**(船배 선 長)
배를 책임지는 사람

■ **의장**(議회의 의 長)
회의를 책임지는 사람

■ **훈장**(訓가르칠 훈 長)
서당에서 글과 예절을 가르치는 사람

🔔 **장남 / 장녀**
형제 중에서 가장 먼저 태어난 사람을 말해요. 여자면 장녀(長 女여자 녀), 남자면 장남(長 男사내 남)이에요. 이때 장(長)은 '맏'이라는 뜻이에요.

길 장

장대

장대비

장화

장어

장발

만리장성

장신

장거리

장기간

장시간

장수

신장

성장

성장기

① 공통으로 들어갈 한자를 따라 쓰세요.

화
신
대 비
長
만 리 성
성
가
길 장

② 어떤 낱말에 대한 설명인지 쓰세요.

1) 몸이 뱀처럼 긴 물고기 ➡ ☐☐

2) 오랜 시간 ➡ ☐☐☐

3) 갑자기 성장하면서 느끼게 되는 아픔 ➡ ☐☐☐

4) 다른 사람에 비해 좋거나 뛰어난 점 ➡ ☐☐

5) 회의를 책임지는 사람 ➡ ☐☐

③ 알맞은 낱말을 찾아 문장을 완성하세요.

1) 한창 자랄 ☐☐☐ 에는 잘 먹고 운동도 열심히 해야 해.

2) 비 올 때 ☐☐ 를 신고 나가면 발도 안 젖고 좋아.

3) 장맛비는 그칠 생각도 없이 온종일 주룩주룩 ☐☐ 처럼 쏟아졌어.

4) 지연이는 노래를 잘 부르는 ☐☐ 가 있어.

5) 운동장을 세 바퀴 도는 ☐☐☐ 달리기에서 1등을 했어.

4 문장에 어울리는 낱말을 골라 ○표 하세요.

1) 할머니가 많이 편찮으셔서 (장시간 / 장기간) 입원하셔야 한대.

2) 경제가 (급성장 / 성장통)하면서 사회 문제와 같은 부작용도 많아졌지.

3) 중국의 (만리장성 / 성장)은 길이가 만 리나 되는 성벽이래.

4) 1970년대에는 남자들도 머리를 기르는 (장발 / 장신)이 유행했어.

5) 학급 회의를 책임지는 (선장 / 의장)은 책임감을 가져야 해.

5 그림을 보고, 밑줄 친 말을 표현한 낱말을 고르세요.

① 선장   ② 반장   ③ 사장   ④ 성장

6 그림을 보고, 알맞은 낱말을 연결하세요.

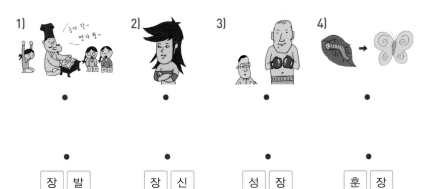

| 급성장 |
| 성장통 |
| 장성 |
| 장점 |
| 장기 |
| 교장 |
| 가장 |
| 사장 |
| 반장 |
| 시장 |
| 선장 |
| 의장 |
| 훈장 |
| 장남 |
| 장녀 |

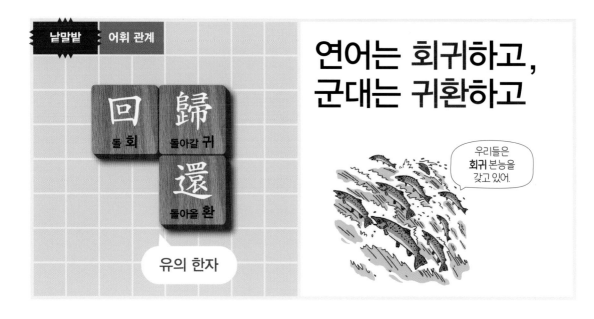

연어는 다른 곳에서 살다가 자신이 태어난 곳으로 돌아오기 위해 위험을 무릅쓰고 힘차게 강을 거슬러 올라와요. 이런 걸 두고 "연어가 회귀한다."고 하죠.

회귀는 본래의 자리로 돌아오거나 돌아간다는 것을 말해요. '돌다'의 뜻을 가진 회(回)와 '돌아간다'의 뜻을 가진 귀(歸)가 합쳐져 되돌아간다는 뜻이지요. 본래 태어난 곳으로 되돌아가는 거예요. 귀환도 '돌아오다'라는 뜻을 가진 환(還)을 만나 원래 있던 곳으로 돌아간다는 뜻이에요.

돌아가고 돌아오는 뜻을 가진 말, 말, 말!

먼저 회(回)가 들어가는 말을 찾아볼까요?
회전은 말 그대로 뱅글뱅글 돈다는 뜻이지요?
회군은 군대를 돌린다는 말이에요.
그러니까 전쟁에 나간 군대가 다시 돌아간다는 뜻이지요.
몸이 원래의 건강한 상태로 되돌아가는 것은 ☐복,
질문이나 편지에 대해 답을 돌려주는 것은 ☐답,
전화나 편지 등으로 회답하는 일은 ☐신이라고 해요.

回 돌 회	歸 돌아갈 귀
본래의 자리로 돌아감	

■ **귀환**(歸 還돌아올 환)
원래 있던 곳으로 돌아감

■ **회전**(回 轉구를 전)
빙빙 돎

■ **회군**(回 軍군사 군)
군대가 돌아가거나 돌아옴

■ **회복**(回 復돌아올 복)
원래의 상태로 돌아감

■ **회답**(回 答답할 답)
물음이나 편지에 답함

■ **회신**(回 信믿을 신)
전화나 편지 등에 회답함

42

귀(歸)가 들어가는 말은 어떨까요? 학교 수업이 모두 끝나면 우리는 집으로 돌아가요. 다른 말로는 귀가라고 해요.

외국에 나갔다가 우리나라로 돌아오는 것은 ☐국,

명절이 되어 고향의 부모님을 찾아뵙고 살피는 것은 ☐성,

다시 도시로 돌아온다는 뜻으로 서울 경(京) 자를 붙인 ☐경,

아예 고향으로 내려가 정착하는 ☐향도 있어요.

이번에는 환(還)이 들어가는 말을 알아볼까요?

이미 지불한 물건의 값을 돌려받는 것을 환불이라고 하지요. 환급은 돈을 돌려주는 것이에요. 또 뉴스에서 탈북자가 강제 송환되었다는 말 들어 본 적 있나요? 북한을 떠난 사람을 다시 북한으로 돌려보냈다는 말이에요. 보낼 송(送) 자를 붙인 송환이에요.

다시의 뜻으로 쓰이는 말, 말, 말!

이외에도 한자는 같지만 다른 뜻으로 쓰이는 말들도 있어요. 다시 떠올려 본다는 회상, 또 남에게 준 것을 다시 거두어들인다는 회수가 있지요.

다시 살아난다는 회생, 회생

과 비슷한 말로 다시 되살아나는 환생도 있어요. 불교나 힌두교에서는 사람이 죽으면 다른 생물로 다시 태어난다고 해요. 이걸 환생이라고 합니다. 재미있는 생각이죠?

▶ **귀가**(歸 家집 가)
집으로 돌아가거나 돌아옴

▶ **귀국**(歸 國나라 국)
자기 나라로 돌아가거나 돌아옴

▶ **귀성**(歸 省살필 성)
고향의 부모님을 찾아뵙고 살피는 것

▶ **귀경**(歸 京서울 경)
다시 도시(서울)로 돌아옴

▶ **귀향**(歸 鄉고향 향)
고향으로 내려가 정착함

▶ **환불**(還 拂떨칠 불)
이미 지불한 돈을 되돌려 줌

▶ **환급**(還 給넉넉할/보탤 급)
다시 돌려줌

▶ **송환**(送보낼 송 還)
제자리로 돌려보냄

▶ **회상**(回 想생각할 상)
지난 일을 다시 생각함

▶ **회수**(回 收거둘 수)
남에게 준 것을 거두어들임

▶ **회생**(回 生날 생)
거의 죽어 가다 다시 살아남

▶ **환생**(還 生)
불교나 힌두교 등에서 사람이 죽은 후 다시 태어나는 것

회생	회전	회답	귀가	환불	송환
복	군	신	국	급	생

착오는 바로잡아야지

錯 어긋날 / 섞일 착　誤 그릇할 오

유의 한자

착오는 '어긋나다'의 뜻을 가진 착(錯)과 '그릇되다'의 뜻을 가진 오(誤)가 합쳐져서 '사실을 실제와 다르게 알아서 잘못 생각하는 것'을 뜻하지요. 가방 속에 준비물을 넣었다고 생각했는데, 집에 두고 오는 일처럼 어떤 사실을 실제와 다르게 아는 것을 깨달을 각(覺)을 붙여서 착각이라고 해요.

또 "우리 오해를 풀자!"라는 말을 하곤 하지요. 오해는 풀 해(解)를 써서 그릇되게 뜻을 잘못 알았다는 뜻이에요.

어떤 과정을 통하여 점점 실패를 줄이면서 목표를 이루게 되는 시행착오도 있어요.

어긋나고 뒤섞이는 착(錯)

3D 영화를 보면 정말 신기하죠? 우리 눈에는 평평한 스크린으로 보이는데 화면 속에 있는 사물이나 사람이 막 튀어나와 움직이니까요.

3D 영화처럼 우리 눈이 주변의 영향으로 사물을 실제와 다르게 보게 되는 것을 착시 현상이라고 하지요.

또 생각과 마음이 뒤섞여서 어지러워지면 "아, 기분이 착잡하네."

錯 어긋날 / 섞일 착　誤 그릇할 오

사물이나 사실을 실제와 다르게 생각함

■ **착각**(錯 覺깨달을 각)
사실을 실제와 다르게 앎

■ **오해**(誤 解풀 해)
그릇되게 이해하거나 앎

■ **시행착오**
(試시험 시 行다닐 행 錯誤)
어떤 목표를 이룰 때까지 여러 일을 행동하고 실패를 되풀이하는 일

■ **착시**(錯 視볼 시)
착각으로 잘못 봄

■ **착잡**(錯 雜섞일 잡)
어수선하게 뒤섞임

라고 해요. 뒤섞일 착(錯)에 뒤섞일 잡(雜)이 만나서 뒤섞이고 뒤섞인 상태일 때 쓰는 말이지요. 이러한 상태가 심각해지면 마음에 병이 나기도 해요. 마음이 어지러워져서 우리의 생각과 감각이 모두 엉망이 되어 버리는 것을 착란이라고 해요.

잘못되었을 때는 오(誤)

문제를 풀 때에는 정답을 잘 찾아야 해요. '잘못된 답', 오답이 있으니까요!
실수해서 '잘못된 계산'을 내리는 것은 ☐산,

'판단을 잘못'했을 때는 ☐판이라고 해요.
문제를 끝까지 잘 읽어서 ☐류가 있는지 알아보고,
계산에 ☐차는 없는지 살펴봐야 해요.
축구나 야구 경기에서 심판이 '잘못된 심판'을 내리는 것은 오심이라고 해요. 상황을 '잘못 인식'하면 잘못된 판단을 하게 될 거예요. 그건 오인이라고 해요.
또 신문에 '잘못된 정보'를 통해 기사가 나가는 것은 오보라고 해요. 신문사에서는 기사 내용이 잘못 전달된 것을 알게 되면 이후에 정정 기사를 내서 내용을 고친답니다. 신문은 정확한 정보 전달이 생명이니까요!
이렇게 '과거의 잘못', 과오를 잘 수습하고 처리해야 앞으로 바르게 나아갈 수 있어요.

세입이라고 세입!

말도 안돼! 분명히 아웃인데!! 이건 명백한 오심이야!

착란(錯 亂어지러울 란)
어지럽고 어수선함

오답(誤 答답할 답)
잘못된 대답을 함

오산(誤 算셀 산)
잘못된 계산을 함

오판(誤 判가름할 판)
잘못된 판단을 함 혹은 잘못된 판단

오류(誤 謬그릇될 류)
그릇되어 이치에 맞지 않는 일

오차(誤 差어긋날 차)
정확한 값과 어긋남

오심(誤 審살필 심)
잘못 심판함 혹은 잘못된 심판

오인(誤 認알 인)
잘못 인식함

오보(誤 報알릴 보)
잘못 보도함 혹은 잘못된 보도

과오(過지날 과 誤)
과거의 잘못

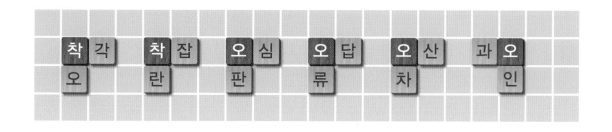

| 착 | 각 | 착 | 잡 | 오 | 심 | 오 | 답 | 오 | 산 | 과 | 오 |
| 오 | | 란 | | 판 | | 류 | | 차 | | | 인 |

1 공통으로 들어갈 낱말을 쓰세요.

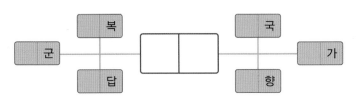

2 주어진 낱말을 넣어 문장을 완성하세요.

1) | 회 | 생 |
   | 복 | |
오랜 시간 ☐☐기를 거쳐 이제 완전히 ☐☐했군!

2) | 귀 | 성 |
   | 경 | |
부모님을 뵈러 ☐☐ 길을 떠났던 사람들이 하나, 둘 다시 ☐☐ 길에 올랐어.

3) | 환 | 불 |
   | 생 | |
이미 지불한 물건의 값을 돌려받는 것은 ☐☐, 사람이 죽은 후 다시 태어난다는 생각은 ☐☐이야.

4) | 회 | 군 |
   | 신 | |
사령부의 ☐☐이 없자 장수는 결국 ☐☐을 결정했어.

3 문장에 어울리는 낱말을 골라 ○표 하세요.

1) 해외 여행을 마치고 방금 (귀성 / 귀국)했어.

2) 탈북자 (환생 / 송환) 문제로 나라가 어수선하네.

3) 지난 일을 (회상 / 회생)해 보면 좋은 일이 많았던 것 같아.

4 밑줄 친 낱말 중 '다시'의 뜻으로 쓰인 낱말을 고르세요. (   )

① 회군   ② 귀가   ③ 환불

④ 환생   ⑤ 회전

| |
| 회귀 |
| 귀환 |
| 회전 |
| 회군 |
| 회복 |
| 회답 |
| 회신 |
| 귀가 |
| 귀국 |
| 귀성 |
| 귀경 |
| 귀향 |
| 환불 |
| 환급 |
| 송환 |
| 회상 |
| 회수 |
| 회생 |
| 환생 |

① 공통으로 들어갈 낱말을 쓰세요.

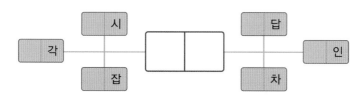

② 주어진 낱말을 넣어 문장을 완성하세요.

1) | 착 | 잡 |
   | 란 |

생각과 마음이 뒤섞여서 어지러워지면 ☐☐하다고 하고, 마음이 어지러워져서 생각과 감각이 엉망이 되면 ☐☐이 생겼다고 해.

2) | 오 | 심 |
   | 판 |

이번 경기에서 심판은 상황을 ☐☐해서 ☐☐을 내렸어.

3) | 시 | 행 | 착 | 오 |
   | | | | 해 |

이제 그만 ☐☐는 풀고 우리 힘을 합쳐서 ☐☐☐☐를 줄여 나가자.

③ 문장에 어울리는 낱말을 골라 ○표 하세요.

1) 그동안 내가 너를 (오해 / 오심)했나 봐. 미안해.
2) 어제 전해 드린 뉴스는 (오보 / 오차)였음이 밝혀졌습니다.
3) 약속한 날이 내일인 줄로 (착시 / 착각)했어.

④ 밑줄 친 낱말 중 잘못 쓰인 낱말을 고르세요. ( )

① 날씨가 흐리니까 기분도 착잡하네!
② 판사의 오판으로 억울한 옥살이를 해야 했어.
③ 오랜 시행착오 끝에 드디어 신기술 개발에 성공했대.
④ 신문사에서 지난 기사가 오차였다는 것을 인정했어.

| 착오 |
| 착각 |
| 오해 |
| 시행착오 |
| 착시 |
| 착잡 |
| 착란 |
| 오답 |
| 오산 |
| 오판 |
| 오류 |
| 오차 |
| 오심 |
| 오인 |
| 오보 |
| 과오 |

가벼움과 무거움, 경중!

輕 가벼울 경 | 重 무거울 중

반의 한자

"친구의 생일 파티도 가야 하고 글짓기 대회도 나가야 해요. 어느 것을 먼저 해야 할까요?"

이처럼 어떤 일이 더 중요하고 덜 중요한지 따져 볼 때 경중을 따진다고 해요. '가벼움'을 뜻하는 경(輕)과 '무거움'을 뜻하는 중(重)이 만나서 만들어진 낱말이에요. 또 물건의 무게를 나타내기도 하지요. 무게를 비교할 때 '가볍다' 혹은 '무겁다'라고 쓰이지요.

무겁고 가벼운 것들

복싱이나 레슬링 경기에서는 같은 무게를 가진 선수끼리 경기를 하지요.

이때 가벼운 등급은 경량급, 무거운 등급을 중량급이라고 해요. 또 양말이나 옷처럼 비교적 가벼운 물건을 만드는 산업은 경공업, 기계나 배처럼 비교적 무거운 물건을 만드는 산업은 중공업이지요. 중(重)은 '아주 심하다'라는 의미도 갖고 있어요. 목숨을 잃을 정도로 심한 병은 중병, 심한 병을 앓는 사람은 중환자, 몹시 무거운 죄는 중죄, 사람 몸에 무척 해로운 수은이나 납 같은 금속은 중금속이에요.

輕 가벼울 경 | 重 무거울 중
가벼움과 무거움

■ **경량급**(輕 量양량 級등급 급)
가벼운 등급

■ **중량급**(重量級)
무거운 등급

■ **경공업**(輕 工만들 공 業일 업)
가벼운 물건을 만드는 산업

■ **중공업**(重工業)
무거운 물건을 만드는 산업

■ **중병**(重 病병 병)

■ **중환자**(重 患병환 者사람 자)

■ **중죄**(重 罪허물 죄)

■ **중금속**(重 金쇠 금 屬엮을 속)

■ **경유**(輕 油기름 유)
가벼운 기름

■ **중유**(重油)
무거운 기름

석유 중 가벼운 기름은 경유, 기름을
거의 뽑아내고 남은 무거운
기름은 중유예요.
또 사람의 말과 행동, 일의 상태에
도 경(輕)과 중(重)을 써요.
조심성 없이 가벼운 것은 경솔, 비
슷한 말로 경솔하고 천박한 것은 경박이라고 해요. 반대로 경솔
하지 않고 조심스러운 것은 신중이지요.
사고가 났을 때 조금 다친 것은 경상, 심하게 다친 것은 중상이에요.
어떤 사안을 가볍고 하찮게 여기는 것은 경시, 무겁게 보는 것
은 중시예요.

무겁고 중요한, 중(重)

중(重)에는 중요하다는 뜻도 있어요. 중요는 '귀중하고 요긴하
다'라는 말이에요. 여기에 성질 성(性)을 붙이면 '중요성'으로 중
요한 성질이라는 말이지요.
중요시라고 하면 '중요하게 보다'라는 말이 되고요. 가볍게 여길
수 없을 만큼 매우 중요하고 크다는 말은 중대예요.
중대하게 보는 것은 중대시고요. 중요한 점은 중점이라고 하지
요. 중대한 책임이 있는 직업과 일은 중직, 비슷한 말로 중요한
책임이 있는 직업이나 위치라 해서 중책이라 해요. 이처럼 중요
한 자리에 사람을 임명하는 것은 중용이에요.

경솔(輕 率거느릴 솔)
조심성 없이 가벼움
경박(輕 薄엷을 박)
경솔하고 천박함
신중(愼조심할 신 重)
경솔하지 않고 조심스러움
경상(輕 傷다칠 상)
조금 다침
중상(重심할 중 傷)
심하게 다침
경시(輕 視볼 시)
가볍고 하찮게 여김
중시(重視)
어떤 일을 크고 중요하게 여김
중요(重중요할 중 要중요할 요)
귀중하고 요긴함
중요성(重要 性성질 성)
중요시(重要視)
중대(重 大클 대)
중대시(重大視)
중점(重 點점 점)
중요한 점
중직(重 職직업 직)
중요한 직업적 위치나 책임
중책(重 責권할 책)
중대한 책임
중용(重 用쓸 용)
중요한 지위를 맡김

공격하라!
격멸할 때까지!

攻 擊
칠 공 / 공격할 격

유의 한자

타앗

우리도 **공격**한다! 적군이 격멸할 때까지!

공격하라는 말은 굉장히 많이 들어 보았을 거예요. 사극에서도 많이 나오고, 또 전쟁 영화에서도 많이 나오는 말이죠? 공격이 라는 말의 공은 칠 공(攻)이고, 격은 공격할 격(擊)이에요. 그래 서 '공격하라'는 전쟁에서 적을 치라는 말이에요. 이렇게 공(攻) 과 격(擊)에는 모두 공격이라는 뜻이 있어요.

적군이 쳐들어 왔으니 우리도 일단 공격!

먼저 공격에 관한 낱말을 알아볼게요.
적이 우리 도시에 들어와 주둔하고 있어요.
이럴 때 적지, 적진을 공격하여 빼앗는 것은 공략이에요.
공격하는 힘이나 움직임은 공세이고,
갑자기 공격하여 치는 것은 공습이에요.
지체 없이 재빠른 동작으로 공격할 때는 빠를 속(速) 자를 써서
속공이죠. 운동 경기에서도 이 말을 쓰지요.
다른 나라에 함부로 침범하여 공격하는 것은 침공이라고 해요.
습격할 침(侵), 칠 공(攻)이 들어간 말은 대부분 전쟁과 관련된
용어에 많이 쓰이죠.

攻	擊
칠 공	공격할 격

전쟁에서 적을 치는 것

■ **공략**(攻 略빼앗을 략)
적의 땅이나 진지를 공격해서
빼앗음

■ **공세**(攻 勢기세 세)
공격하는 힘이나 움직임

■ **공습**(攻 襲엄습할 습)
갑자기 공격함

■ **속공**(速빠를 속 攻)
빠른 동작으로 공격함

■ **침공**(侵 습격할 침 攻)
다른 나라에 함부로 침범하여
공격함

적이 갑자기 공격해 왔을 때 싸우는 특별한 공격 부대는 특공대예요. 특공대가 나서서 공격을 한다면, 남아서 수비를 하는 군대도 있어야 하죠. 수비는 외부의 침략이나 공격을 막아서 지키는 거예요. 이렇게 공격과 수비를 모두 일러 공수라고 하지요.

전쟁에서도 일상에서도 싸울 때는 격(擊)하게!

그러면 격멸은 뭘까요? 공격은 한자로 공격할 격(擊)에 없어질 멸(滅) 자를 써서 적을 공격해서 없애라는 말이에요. 비슷한 말로는 망해서 없어진다는 멸망이 있어요.

격(擊)도 공(攻)처럼 공격의 의미를 가지고 있어요.

전투기로 총이나 포를 쏘아서 적군의 비행기를 떨어뜨리는 것은 □추, 배를 공격하여 물속에 가라앉히는 것은 □침,

적을 공격해서 물리치는 것은 □퇴라고 해요.

어떠한 세력이 함선, 비행기를 공격하여 무찌르는 것은 □파라고 해요. 태권도에서 손이나 발로 단단한 물체를 쳐서 깨뜨리는 것도 격파라고 하잖아요.

격(擊) 자의 쓰임을 더 알아볼까요?

공격을 당하다가 거꾸로 공격할 때 반격한다고 해요.

또 남의 생각이나 의견, 물건들을 물리치는 것도 '격'을 써서 배격이라고 해요.

목격은 일이 벌어진 광경을 직접 본다는 뜻이 있어요.

특공대
(特특별할 특 攻 隊군대 대)
공격을 하기 위해 특별히 훈련된 부대

수비(守지킬 수 備갖출 비)
외부의 침략이나 공격을 막아 지킴

공수(攻守)
공격과 수비

격멸(擊 滅없어질 멸)
적을 공격해서 없앰

멸망(滅 亡망할 망)
망해서 없어짐

격추(擊 墜떨어질 추)
비행기 등을 공격해 떨어뜨림

격침(擊 沈가라앉을 침)
배를 공격하여 물속에 가라앉힘

격퇴(擊 退물러날 퇴)
적을 공격해서 물리침

격파(擊 破깨뜨릴 파)
공격하여 무찌름, 단단한 물체를 손이나 발로 쳐서 깨뜨림

반격(反도리어 반 擊)
공격을 당하다가 거꾸로 공격함

배격(排 밀칠 배 擊)
남의 생각, 의견 등을 물리침

목격(目눈 목 擊)
일이 벌어진 광경을 직접 봄

| 공 | 략 | | 속 | | 공습 | | 격 | 멸 | | 격 | 추 | | | 반 |
| 세 | | | 침 | 공 | | 수 | | 파 | | | 퇴 | | 배 | 격 |

1 공통으로 들어갈 낱말을 쓰세요.

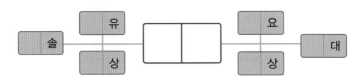

경중
경량급
중량급
경공업
중공업
중죄
경솔
신중
경상
중상
경시
중시
중요
중요성
중대
중점
중책
중용

2 주어진 낱말을 넣어 문장을 완성하세요.

1) 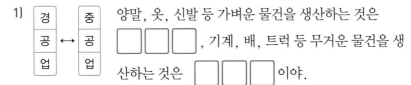 양말, 옷, 신발 등 가벼운 물건을 생산하는 것은 □□□, 기계, 배, 트럭 등 무거운 물건을 생산하는 것은 □□□이야.

2) 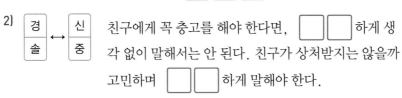 친구에게 꼭 충고를 해야 한다면, □□하게 생각 없이 말해서는 안 된다. 친구가 상처받지는 않을까 고민하며 □□하게 말해야 한다.

3 문장에 어울리는 낱말을 골라 ○표 하세요.

1) 동물을 학대하는 일은 생명을 (중시 / 경시)하는 태도예요.

2) 우리 아빠는 회사에서 (중책 / 중용)을 맡고 있어서 늘 바쁘시다.

3) 그는 살인이라는 (중직 / 중죄)을(를) 저질러 형무소에 있다.

4 짝 지은 낱말의 관계가 [보기]와 다른 것을 고르세요. (   )

보기	경시 – 중시

① 경공업 – 중공업   ② 경솔 – 신중   ③ 중요 – 중대
④ 경량급 – 중량급   ⑤ 경상 – 중상

攻 칠 공 擊 공격할 격

1 공통으로 들어갈 낱말을 쓰세요.

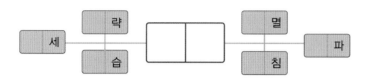

| 세 | 략 | | | | 멸 | | 파 |
| 습 | | | | 침 | | |

2 주어진 낱말을 넣어 문장을 완성하세요.

1) 격 퇴
   파

   이순신 장군은 명량 해전에서 적을 ☐☐ 했어요.

   적의 배를 모조리 ☐☐ 했지요.

2) 공
   수 비

   외부의 침략이나 공격을 막아 지키는 것을 ☐☐라고

   해. 공격과 수비를 모두 일러 ☐☐라고 하지.

3) 특 공 대
     습

   우리 군대는 갑자기 적이 공격해 왔을 때 싸우는 ☐

   ☐☐이다. 지금부터 우리는 적의 ☐☐에

   대비하는 훈련을 하겠다!

3 문장에 어울리는 낱말을 골라 ○표 하세요.

1) 공격을 당하다가 거꾸로 공격하는 것은 (목격 / 반격)이야.

2) 적을 공격해서 없앤다는 말은 (격멸 / 수비)(이)라고 해.

4 짝 지은 낱말의 관계가 [보기]와 <u>다른</u> 것을 고르세요. (   )

보기	격멸 - 멸망

① 공격 - 공습   ② 공략 - 침공   ③ 격퇴 - 격파

④ 공습 - 침공   ⑤ 공격 - 수비

공략

공세

공습

속공

침공

특공대

수비

공수

격멸

멸망

격추

격침

격퇴

격파

반격

배격

목격

대통령의 담화가 있겠습니다

談 말씀 담
話 말할 화

유의 한자

"왜, 우리 가족의 밥상에는 고기 반찬이 없는가?"에 대한 담화를 시작하겠다.

오예~

아버님 용돈 더 드리려고 그랬죠.

"곧이어 대통령의 담화가 있을 예정입니다." 대통령이 전 국민에게 어떤 이야기를 전달할 때 말씀 담(談)과 말할 화(話)가 합쳐진 담화(談話)라는 말을 써요.

특히 정부의 관리가 중요한 문제에 대한 의견을 말할 때 쓰이기도 하지요. 또 가족, 친구, 선생님 등 다른 사람들과 이야기를 주고받을 때에도 담화를 한다고 해요.

우리 생활에서 '담'과 '화'가 들어간 자주 쓰이는 낱말들을 알아볼까요?

말씀 담(談)이 들어간 낱말

'말 한마디로 천 냥 빚을 갚는다'라는 속담이 있어요. 많은 빚도 말 한마디로 갚을 수 있을 만큼 말하는 태도와 자세가 중요하다는 걸 알려 주고 있지요.

이렇게 중요한 말에는 여러 가지가 있어요.

"새해에는 더 건강해라."처럼 남이 잘되기를 바라는 말은 덕□,

실없이 놀리거나 장난으로 하는 말은 농□,

남을 헐뜯어서 하는 말은 험□이에요.

談 말씀 담	話 말할 화
이야기를 주고받음 정부의 관리가 어떤 문제에 대해 생각이나 태도를 밝히는 말	

■ 속담(俗풍속 속 談)
예로부터 전해 오는 교훈이 담긴 말
■ 덕담(德덕 덕 談)
잘되기를 바라는 말
■ 농담(弄희롱할 롱 談)
장난으로 하는 말
■ 험담(險험할 험 談)
남을 헐뜯는 말

담판은 상대방과 이야기를 나누어서 옳고 그름을 가리는 말이에요.

이야기를 나누는 형태도 여러 가지예요.

서로 만나서 얼굴을 맞대고 이야기하는 건 면☐,

고민을 해결하거나 궁금증을 풀기 위하여 서로 의논하는 건 상☐이라고 해요.

서로 웃으면서 이야기를 하면 ☐소를 나눈다고 한답니다.

말할 화(話)가 들어간 낱말

이번에는 말할 화(話)가 들어간 낱말을 알아봐요.

말하는 사람은 화자, 이야깃거리는 화제라고 해요.

대화는 마주 보며 서로 이야기를 주고받는 것이에요.

하지만 요즘에는 직접 만나지 않고 전화기로 이야기를 나누는 경우도 많아요. 이런 걸 전☐, 또는 통☐라고 하지요.

작가는 이야기를 글로 써서 많은 사람이 볼 수 있도록 해요. 그 가운데 어린이를 위하여 작가가 상상해서 지어 낸 이야기를 동☐,

실제로 있었던 이야기는 실☐,

세상에 알려지지 않은 흥미로운 이야기는 일☐예요.

책 읽기를 좋아한 세종 대왕이 밤새 책을 읽다가 잠든 신하에게 겉옷을 벗어 덮어 주었다는 일화가 유명하지요.

요즘 내가 축구 신동이라는 이야기가 **화제**인데 알고 있어?

지금 바빠서 이따가 **통화**하자. 뚜뚜뚜.

- **담판**(談 判판가름할 판)
  이야기를 나누어서 옳고 그름을 판단함
- **면담**(面낯 면 談)
  서로 만나서 얼굴을 맞대고 이야기함
- **상담**(相서로 상 談)
  고민을 해결하기 위해 의논함
- **담소**(談 笑웃을 소)
  웃으면서 이야기함
- **화자**(話 者사람 자)
  말하는 사람
- **화제**(話 題제목 제)
  이야깃거리
- **대화**(對대답할 대 話)
  마주 보며 서로 이야기를 주고받음
- **전화**(電번개 전 話)
  전화기로 말을 주고받음
  = 통화(通통할 통 話)
- **동화**(童아이 동 話)
  어린이를 위하여 지은 이야기
- **실화**(實열매 실 話)
  실제로 있었던 이야기
- **일화**(逸숨을 일 話)
  세상에 알려지지 않은 흥미로운 이야기

덕 상담 농 험담 화자 실
속담 판 면담 소제 대화

부끄럽고 창피해!

부끄럽다 ≒ 창피하다

유의어

여러분은 어떤 경우에 얼굴이 빨개지나요? 부끄럽거나 창피할 때지요. 부끄럽다는 우리말이고 창피하다는 한자어 '창피(猖披)'에 '하다'가 붙은 낱말로, 뜻이 서로 비슷한 말이에요. 둘 다 잘못이나 실수를 저질러서 떳떳하지 못할 때 쓰는 말이지요. 이처럼 순 우리말과 '한자어+하다'의 형태로 된 유의어를 같이 알아두면 어려운 한자어도 쉽게 이해할 수 있을 거예요.

함께 알아두면 쉬운 낱말

"내 가방이 없어졌어!", "앗, 내 안경도 사라졌네."
어디에 있던 것이 보이지 않을 때 없어지다 또는 사라지다라고 하지요? 그런데 남이 찾지 못하게 어떤 사람이 사라졌을 때는 잠적(潛跡)하다라고도 해요. 모두 비슷한 뜻을 갖고 있지요.
달음질을 해 빨리 달리다와 같은 말로 질주(疾走)하다가 있어요. 반면 피하여 달아날 때는 도망(逃亡)하다와 도주(逃走)하다가 있지요.
일상생활에서 많이 쓰는 뜻이 서로 비슷한 낱말에는 어떤 것이 있을까요?

부끄럽다

잘못이나 실수를 저질러 떳떳하지 못하다 = 창피(猖披)하다

- **창피**(猖미쳐 날뛸 창 披나눌 피)**하다**
  잘못이나 실수를 저질러서 떳떳하지 못하다

- **잠적**(潛자맥질 할 잠 跡자취 적)**하다**
  흔적을 찾을 수 없게 하다
  =없어지다=사라지다

- **질주**(疾병 질 走달릴 주)**하다**
  빨리 달리다

- **도망**(逃달아날 도 亡망할 망)**하다**
  누구를 피하거나 쫓겨서 빨리 달리다 = 달아나다 = 도주하다

물건이나 도구, 시설을 이용할 때는 쓰다≒사용(使用)하다
어려운 일이나 문제를 잘 처리하는 건 풀다≒해결(解決)하다
어떤 것의 생김새, 성격이 비슷할 때는 닮다≒유사(類似)하다
검사가 죄를 죄었다고 의심되는 피의자, 증인 등을 오라고 할 때는 부르다≒소환(召喚)하다
어떤 상태를 변함없이 이어가는 것은 지키다≒유지(維持)하다

색으로 기억하는 어려운 낱말

색깔과 관련된 유의어도 많아요. 하늘이 맑다, 개다, 푸르다는 비슷한 표현이지요? 하늘에 구름 한 점 없이 날씨가 개어 맑고 상쾌할 때는 쾌청(快晴)하다라고도 해요.

또 얼굴이나 살빛이 하얗다, 희다도 비슷한 말이지요. 아픈 사람처럼 얼굴에 핏기가 없고 푸른 기가 돌 만큼 해쓱할 때는 창백(蒼白)하다라고 해요.

만약 얼굴색이 하얀 친구에게는 "넌 얼굴이 하얘서 더 예뻐 보여."라고 해야지, "넌 얼굴이 창백해서 더 예뻐 보여."라고 하면 곤란하겠지요? 같은 유의어라도 상황에 맞게 잘 써야 어휘력이 풍부한 사람이랍니다!

■ **사용**(使하여금 사 用쓸 용)**하다**
물건이나 도구, 시설을 이용하다 = 쓰다

■ **해결**(解풀 해 決터질 결)**하다**
어려운 일이나 문제를 잘 처리하다 = 풀다

■ **유사**(類무리 유 似같을 사)**하다**
사물이나 사람의 생김새가 성격이 비슷하다 = 닮다

■ **소환**(召부를 소 喚부를 환)**하다**
검사가 죄를 죄었다고 의심되는 피의자, 증인 등을 오라고 하다 = 부르다

■ **유지**(維벼리 유 持가질 지)**하다**
어떤 상태를 변함없이 이어가다 = 지키다

■ **쾌청**(快시원할 쾌 晴갤 청)**하다**
날씨가 구름 한 점 없이 상쾌하고 맑다 = 맑다 = 개다 = 푸르다

■ **창백**(蒼푸를 창 白흰 백)**하다**
얼굴에 핏기가 없고 푸른 기가 돌 만큼 해쓱하다 = 하얗다 = 희다

잠	없	도	달	해	풀	소	부	쾌	맑
적	어	망	아	결 ≒	다	환 ≒	르	청 ≒	다
하 ≒	지	하 ≒	나	하		하	다	하	다
다	다	다	다	다		다		다	

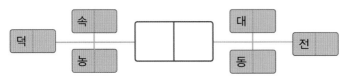

談 話
말씀 담 / 말할 화

_____월 _____일 / 정답 142쪽

1 공통으로 들어갈 낱말을 쓰세요.

덕 — 속 / 농 — □□ — 대 / 동 — 전

2 주어진 낱말을 넣어 문장을 완성하세요.

1) 면 담 / 소
선생님과 진로에 대해 □□을 하면서 □□를 나누었어.

2) 험 담 / 판
친구가 나에 대해 □□을 해서, 친구와 □□을 지어야겠어.

3) 화 자 / 제
말하는 사람은 □□이고, 그 사람이 말하는 이야깃거리는 □□이다.

3 문장에 어울리는 낱말을 골라 ○표 하세요.

1) 대통령이 가뭄 대책에 관한 (담화 / 험담)을(를) 발표하였다.

2) 할아버지께서 새해에 더 건강하라고 (농담 / 덕담)을 해 주셨다.

3) 세종 대왕이 밤새 책을 읽다가 잠든 신하에게 겉옷을 벗어 덮어 주었다는 (동화 / 일화)가 유명하다.

4) 그 일은 내가 실제로 겪은 (대화 / 실화)라고!

4 밑줄 친 낱말 중 잘못 쓰인 것을 고르세요. (   )

① 새해가 되어 할아버지께 세배를 하자 할아버지가 덕담을 해 주셨어.

② 실없는 험담은 그만하고 이제 공부해야지.

③ 선생님께 면담을 신청했어.

④ 멀리 외국에 있는 이모와 모처럼 통화를 했어.

⑤ 요즘 유행하는 소설의 내용이 실화라니, 믿을 수 없어!

담화
속담
덕담
농담
험담
담판
면담
상담
담소
화자
화제
대화
전화
통화
동화
실화
일화

낱말밭 블록 맞추기

1 [보기]와 같이 뜻이 비슷한 낱말을 쓰세요.

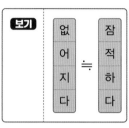

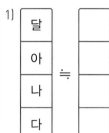

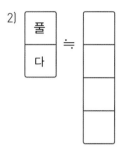

2 주어진 낱말을 넣어 문장을 완성하세요.

1)
| 닮 다 | ≒ | 유 사 하 다 |

너와 언니가 쌍둥이처럼 ☐☐.

너와 형의 목소리가 ☐☐☐☐.

2)
| 푸 르 다 | ≒ | 쾌 청 하 다 |

호수가 참 ☐☐☐.

오늘 날씨가 아주 ☐☐☐☐.

3 문장에 어울리는 낱말을 골라 ○표 하세요.

1) 범인이 경찰도 모르게 감쪽같이 (잠적했다 / 질주했다).

2) 검사가 증인을 (해결했다 / 소환했다).

3) 너, 아픈 사람처럼 얼굴이 아주 (창백 / 쾌청)해 보여.

4 짝 지은 어휘의 관계가 [보기]와 <u>다른</u> 것을 고르세요. ( )

| 보기 | 부끄럽다 – 창피하다 |

① 달리다 – 질주하다 　② 부르다 – 해결하다 　③ 쓰다 – 사용하다

④ 지키다 – 유지하다 　⑤ 달아나다 – 도주하다

부끄럽다
창피하다
잠적하다
사라지다
없어지다
질주하다
도망하다
도주하다
달아나다
사용하다
쓰다
해결하다
풀다
유사하다
닮다
소환하다
부르다
유지하다
지키다
쾌청하다
맑다
개다
푸르다
창백하다
하얗다
희다

남의 집 물건을 훔친 범인이 경찰에 잡혔어요. 그러면 검찰청에서 일을 하는 검사(檢事)는 범인이 진짜로 죄를 지었는지 철저히 검사(檢査)하고 조사해서 재판을 진행해요. 검사님이 검사를 한다고요? 같은 소리가 나는 '검사'지만 쓰인 한자어에 따라 뜻이 달라져요.

한자어로 구분하는 동음이의어

"요즘 가구를 직접 만들어 쓰는 가구가 늘고 있대."
이건 무슨 말일까요? 앞의 가구(家具)는 집안에서 갖추어 놓고 쓰는 옷장, 식탁 같은 살림 도구를 말하고,
뒤의 가구(家口)는 한집에 사는 가족을 말해요.
"아빠가 가사를 하며 가사를 흥얼거리네."
앞의 가사(家事)는 청소, 빨래와 같은 집안일을 말하고,
뒤의 가사(歌詞)는 노랫말을 말해요.
요즘엔 여자나 남자가 가사를 나누어서 하는 집이 많아요.
'가' 자 뒤에 붙은 동음이어의를 더 볼까요?
가상(假想)은 가정하여 상상하는 것,

檢	査
검사할 검	조사할 사

어떤 사실을 정해진 기준에 맞는지 조사하는 일

- **검사**(檢 事일 사)
검찰청에서 범죄 사건을 조사하여 법원에 재판을 요청하는 사람
- **가구**(家집 가 具갖출 구)
집안에서 갖추어 놓고 쓰는 살림 도구
- **가구**(家 口입 구)
한집에 사는 식구
- **가사**(家事)
집에서 하는 여러 가지 일
- **가사**(歌노래 가 詞말씀 사)
노랫말
- **가상**(假거짓 가 想생각할 상)
가정하여 상상함

가상(假象)은 실제처럼 보이는
가짜 형상이에요.
가설(假說)은 가정하여
설명하는 것,
가설(假設)은 임시로 만든 것이에요.
가장(家長)은 한 집안을 이끌어 가는
어른,
가장(假裝)은 옷차림이나 몸짓 등을 거짓으로 꾸미는 것이에요.
가정(家庭)은 한 가족이 생활하는 집,
가정(假定)은 임시로 정하는 것이에요. 가족이 없다고 한번 가
정해 봐요. 얼마나 슬플까요?

가사 일을 하며
가사를 흥얼거리지
마세요.

여러 가지 동음이의어

고마움을 느끼는 것은 감사(感謝)이고, 세금을 잘 냈는지 살피
거나 기관이나 단체 같은 데서 잘못하는 일이 없는지 조사하는
것은 감사(監査)예요.
건물, 배 등을 만드는 것은 건조(建造)이고,
말라서 물기가 없는 건 건조(乾燥)예요. 봄철에는 날씨가 참 건
조하지요.
남의 물건을 강제로 뺏는 사람은 강도(强盗),
힘이 센 정도는 강도(强度)예요. 강도는 어쩌다 작은 물건 하나
를 몰래 훔친 도둑보다는 강도 높게 조사를 받겠지요?

■ **가상**(假 像모양 상)
실제처럼 보이는 형상
■ **가설**(假 說말씀 설)
가정하여 설명함
■ **가설**(假 設베풀 설)
임시로 만듦
■ **가장**(家 長어른 장)
한 집안을 이끌어 가는 어른
■ **가장**(假 裝꾸밀 장)
옷차림이나 몸짓 등을 거짓으
로 꾸밈
■ **가정**(家 庭뜰 정)
한 가족이 생활하는 집
■ **가정**(假 定정할 정)
임시로 정함
■ **감사**(感느낄 감 謝사례할 사)
고마움을 느끼는 것
■ **감사**(監볼 감 査)
기관이나 단체 같은 데서 잘못
하는 일이 없는지 조사하는 것
■ **건조**(建세울 건 造지을 조)
건물, 배 등을 만드는 것
■ **건조**(乾마를 건 燥마를 조)
말라서 물기가 없음
■ **강도**(强굳셀 강 盜 훔칠 도)
남의 물건을 강제로 뺏는 사람
■ **강도**(强 度정도 도)
센 정도

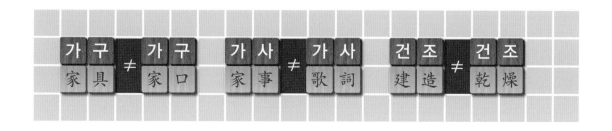

가 구		가 구	가 사		가 사	건 조		건 조
家 具	≠	家 口	家 事	≠	歌 詞	建 造	≠	乾 燥

사과 주며 사과하기

내가 경솔했어. 내 **사과**를 받아 줘.

동음이의어

"미안해. 내 사과를 받아 줘."

친구에게 사과(沙果)를 주며 사과(謝過)했어요. 친구가 나의 사과를 받아 줄까요? 사과는 친구가 좋아하는 과일이니까 어쩌면 너그럽게 용서해 줄지도 몰라요.

앞에 나오는 사과는 사과나무의 열매이고, 뒤에 나오는 사과는 자기의 잘못을 인정하고 용서를 비는 말이에요.

주로 사람을 나타낼 때 쓰이는 말, 말, 말!

같은 소리가 나는 두 낱말의 뜻이 어떻게 다른지 살펴볼까요?

무사(武士)는 무예를 익힌 사람, 무사(無事)는 아무 탈이 없는 것을 말해요.

부인(夫人)은 남의 아내를 높여 부르는 말이고, 부인(否認)은 어떤 내용이나 사실을 인정하지 않는 것이에요.

부족(部族)은 같은 조상이나 언어 등을 가진 사람들이 함께 생활하는 집단을, 부족(不足)은 필요한 양이나 기준에 미치지 못해 충분하지 않다는 뜻이에요.

沙 모래 사	果 열매 과
사과나무의 열매	

- **사과**(謝사례할 사 過지날 과)
  잘못을 인정하고 용서를 빎
- **무사**(武무사 무 士선비 사)
  무예를 익힌 사람
- **무사**(無없을 무 事일 사)
  아무 탈이 없음
- **부인**(夫지아비 부 人사람 인)
  남의 아내를 높여 부르는 말
- **부인**(否아닐 부 認인정할 인)
  어떤 내용이나 사실을 인정하지 않음
- **부족**(部때 부 族겨레 족)
  같은 조상이나 언어 등을 가진 사람들이 함께 생활하는 집단
- **부족**(不아닐 부 足발 족)
  필요한 양이나 기준에 미치지 못해서 충분하지 않음

전쟁에서 **무사**히 돌아오려면 뛰어난 **무사**가 되어야 해!

주로 상황이나 정도를 나타내는 말, 말, 말!

우리나라는 눈부신 발전(發展)을 이룩하였어요.

발전은 더 낫고 좋은 상태가 되는 것이에요. '발전적, 발전시키다, 발전되다'와 같이 쓰여요.

우리가 살아가는 데 전기는 꼭 필요해요.

발전(發電)은 전기를 일으킨다는 뜻이에요. 전기를 일으키는 기계는 발전기고요.

소리는 같지만 전혀 다른 뜻이지요. 다른 말도 알아볼까요?

> "사람은 자기 분수(分數)에 맞게 생활해야 해요."
> 자기 신분에 맞는 정도
> "수학 시간에 나오는 분수(分數)의 덧셈과 뺄셈은 어려워."
> 전체에 대한 부분을 나타내는 수
> "여름에 물을 시원하게 위로 내뿜는 분수(噴水)를 보면 시원해요."
> 물을 위로 내뿜거나 뿌리는 장치

친구가 사고(事故)를 당했지만 크게 다치지 않았어요. 여기에서 사고는 뜻밖에 일어난 불행한 일이에요.

어려운 문제를 해결하기 위해서는 깊이 생각하고 궁리하는 사고(思考)를 해야 해요.

- **발전**(發필 발 展펼 전) 더 낫고 좋은 상태가 됨
- **발전**(發 電전기 전) 전기를 일으킴
- **분수**(分나눌 분 數셈 수) 자기 신분에 맞는 정도 / 전체에 대한 부분을 나타내는 수
- **분수**(噴뿜을 분 水물 수) 물을 위로 내뿜거나 뿌리는 장치
- **사고**(事 故연고 고) 뜻밖에 일어난 불행한 일
- **사고**(思생각 사 考생각할 고) 생각하고 궁리함

무사	≠	무사	부족	≠	부족	발전	≠	발전
武士		無事	部族		不足	發展		發電

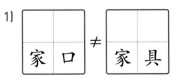

1 [보기]와 같이 동음이의어를 쓰세요.

2 주어진 낱말을 넣어 문장을 완성하세요.

1) 가사(家事) ≠ 가사(歌詞)   아빠가 ☐☐를 열심히 하면서 ☐
☐를 흥얼거리고 계시네.

2) 강도(強度) ≠ 강도(強盜)   남의 집 물건을 마구 훔친 ☐☐가 잡혀서
경찰에서 ☐☐ 높은 조사를 받았대.

3 문장에 어울리는 낱말을 골라 ○표 하세요.

1) 자, 숙제 (검사(檢事) / 검사(檢查))를 할 테니, 공책을 펴세요.

2) 이사를 하면서 집안의 (가구(家口) / 가구(家具))를 많이 바꾸었어.

3) 블랙홀이 폭발해서 우주가 생겼다는 (가설(假說) / 가설(假設))이 있어.

4 다음 중 밑줄 친 낱말이 적절하게 쓰인 것을 고르세요. (   )

① 게임이나 영화와 같은 가상(假想) 세계와 현실을 잘 구분해야 해.

② 이렇게 도움을 주시다니 정말 감사(感謝)합니다.

③ 오늘 처음 들은 노래의 가사(家事)가 무척 마음에 와 닿았어.

④ 과학 실험을 잘 하려면 설계를 할 때 가설(假設)을 잘 세워야 해.

⑤ 건조(建造)한 날씨가 며칠째 계속되었어.

검사(檢事)

검사(檢查)

가구(家具)

가구(家口)

가사(家事)

가사(歌詞)

가상(假想)

가상(假像)

가설(假設)

가설(假說)

가장(家長)

가장(假裝)

가정(家庭)

가정(家定)

감사(感謝)

감사(監査)

건조(建造)

건조(乾燥)

강도(強盜)

강도(強度)

64

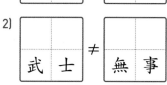

낱말밭
블록 맞추기

사 과   사 과
沙 果 ≠ 謝 過

❶ [보기]와 같이 동음이의어를 쓰세요.

보기

사 과		사 과
沙 果	≠	謝 過

1)

事 故	≠	思 考

2)

武 士	≠	無 事

❷ 주어진 낱말을 넣어 문장을 완성하세요.

1)

발 전		발 전
發 展	≠	發 電

우리나라는 눈부신 ☐☐ 을 이룩했어.

이 발전기는 얼마나 ☐☐ 을 할 수 있을까?

2)

분 수		분 수
分 數	≠	噴 水

사람은 자기 ☐☐ 에 맞게 생활해야 해.

☐☐ 의 물줄기가 시원해 보여요.

❸ 문장에 어울리는 낱말을 골라 ○표 하세요.

1) 일이 (무사 / 무시)히 해결돼서 정말 다행이야.

2) 경찰에 잡힌 사람은 절대로 자신이 범인이 아니라며 계속 (부족 / 부인)했어.

3) 요즈음 우리 집의 사업은 하루가 다르게 (발전 / 발진)하고 있어.

❹ 다음 중 밑줄 친 낱말이 적절하게 쓰인 것을 고르세요. ( )

① 저지른 일을 계속 <u>부인(夫人)</u>해 봐야 소용없어!

② 에너지 <u>부족(部族)</u> 문제가 심각해.

③ 창가에 놓아둔 화분을 떨어뜨려 큰 <u>사고(事故)</u>가 날 뻔 했어.

④ 이 <u>사과(謝過)</u>는 무척 빨간 것이 맛있어 보여.

⑤ 교통사고가 났지만 다행히 <u>무사(武士)</u>했어.

사과(沙果)

사과(謝過)

무사(武士)

무사(無事)

부인(夫人)

부인(否認)

부족(部族)

부족(不足)

발전(發展)

발전(發電)

분수(分數)

분수(噴水)

사고(事故)

사고(思考)

낱말밭
어휘 관계

열쇠로 잠근 문을 키로 열었어

열 ≒ 키
쇠

자주 쓰이는
외래어와 외국어

집 열쇠를 깜박하고 안 가지고 왔다고요? 혹시 비상용 키는 없나요? 여기서 열쇠와 키는 같은 뜻의 말이에요. 키는 영어 Key에서 온 말이에요. 이처럼 다른 나라에서 들어온 외국어 중에서도 특히 우리말처럼 자연스럽게 쓰이는 말을 외래어라고 해요. 대체로 외래어는 텔레비전, 버스처럼 우리말로 바꿀 수 없는 낱말들을 말하는데, 그 외에도 많은 사람들이 자주 쓰는 말이라면 외래어로 보기도 해요.

형태가 있는 물건을 나타내는 낱말

추운 날에는 목에 머플러를 두르고 가세요. → 목도리

새로 산 스커트 어때요? → 치마

나는 책상 위에 노트를 펴 놓고 글씨를 썼어요. → 공책

아주머니는 가게에서 산 물건을 카트에 옮겨 실었어요. → 수레

이 지역에 빌딩이 새로 들어섰어요. → 건물

디자이너는 샘플을 보고 옷감을 샀어요. → 견본

이번 달에는 보너스를 많이 받아서 기분이 좋아요. → 상여금

열쇠

자물쇠를 돌려 잠그거나
여는 데 사용하는 것 = 키

■ **목도리**
목에 두르는 물건 = 머플러

■ **치마**
여자의 아랫도리 겉옷 = 스커트

■ **공책**(空빌 공 冊책 책)
글씨를 쓰거나 그림을 그리도
록 빈 종이로 된 책 = 노트

■ **수레**
바퀴를 달아서 굴러가게 만든
기구 = 카트

■ **건물**(建세울 건 物물건 물)
사람이 살거나 일하기 위해 지
은 집 = 빌딩

■ **견본**(見볼 견 本근본 본)
전체 상품의 품질, 상태를 알아
보기 위한 본보기 물건 = 샘플

놀이공원에서 여러 가지 모양의 마스크를 쓴 배우들을 보았어요.
→ 가면

어때요? 생각보다 정말 많은 외래어와 외국어가 쓰이고 있군요!

형태가 없는 것을 나타내는 낱말

다음 문장들을 살펴보면서 우리말과 다른 나라에서 들어온 말을
함께 사용하는 낱말을 계속 알아볼게요.

나는 아침에 밀크 한 잔을 마셔요. → 우유
다양한 컬러의 색종이가 참 예뻐요. → 빛깔
이번 축구 게임에서 꼭 이기고 말 거예요. → 경기
연희는 인터뷰와 설문 조사 결과를 바탕으로 보고서를 썼어요. → 면담
이번 소설의 테마는 가족 간의 사랑이에요. → 주제
그는 우리를 바른 길로 이끌 위대한 리더예요. → 지도자
요즈음 세대 간의 갭이 점점 더 벌어지고 있어요. → 틈

다른 나라에서 들어온 말을 쓴다고 해서 잘못된 것은 아니에요.
하지만 좋은 우리말을 두고도 다
른 나라에서 들어온 외래어나 외
국어를 무분별하게 사용하는 것
은 좋지 않아요. 앞으로는 되도록
우리말을 사용하자고요!

보너스 받아서 **머플러** 하나 샀어.

컬러가 참 마음에 들어.

상여금

(賞상줄 상 與더불 여 金쇠 금)
상으로 주는 돈 = 보너스

가면

얼굴을 감추거나 꾸미기 위해
얼굴에 쓰는 물건 = 마스크

우유(牛소 우 乳젖 유)

소의 젖 = 밀크

빛깔

물체가 빛을 받을 때 나타나는
특유한 빛 = 컬러

경기(競겨룰 경 技재주 기)

재주를 겨루는 일 = 게임

면담(面낯 면 談말씀 담)

서로 만나서 이야기함 = 인터뷰

주제(主주인 주 題제목 제)

중심이 되는 제목이나 문제
= 테마

지도자(指가리킬 지 導인도할 도
者놈 자)

남을 가르쳐 이끄는 사람
= 리더

틈

사람들 사이에 생기는 거리나
차이 = 갭

목	머		공	노		수	카		우	밀		경	게
도	플		책	트		레	트		유	크		기	임
리	러												

돌 하나로 두 마리 새를 잡자!

일석이조

사자성어

오~ 일석이조네!

一	石	二	鳥
한 일	돌 석	두 이	새 조

동시에 두 가지 이득을 봄

■ **일편단심**(一 片조각 편 丹붉을 단 心마음 심)
진심에서 우러나오는 변치 아니하는 마음

■ **작심삼일**(作지을 작 心 三석 삼 日날 일)
결심이 굳지 못함

■ **구사일생**(九아홉 구 死죽을 사 一 生날 생)
죽을 고비를 여러 차례 넘기고 겨우 살아남

나뭇가지 위에 앉아 있는 새를 향해 돌을 던졌어요! 그런데 우연히 옆에 있던 새까지 두 마리가 잡힌 거예요. 이렇게 한 가지 일로 두 일을 이룰 때는 일석이조(一石二鳥)라고 해요. 돌 하나를 뜻하는 '일석(一石)'에 두 마리 새라는 뜻의 '이조(二鳥)'가 붙어서 만들어진 말이에요.

숫자가 들어가는 사자성어

일편단심(一片丹心)에서 일편(一片)은 한 조각이라는 뜻, 단심(丹心)은 붉은 마음이란 뜻이에요. 진심에서 우러나오는 변치 아니하는 마음을 뜻한답니다.

작심삼일(作心三日)은 단단히 먹은 마음이 사흘을 가지 못한다는 뜻이에요. 새해가 되면 매일 운동을 하겠다고 결심하지만 3일만 되어도 금방 의욕이 꺾일 때 쓰는 말이 작심삼일이에요.

구사일생(九死一生)은 '아홉 번 죽을 뻔하다 한 번 살아난다'는 뜻이에요. 죽을 고비를 여러 번 넘기고 겨우 살아나는 것을 말해요.

두 글자 한자어로 만들어진 사자성어

현모양처(賢母良妻)는 현모와 양처예요.
현모는 현명한 어머니, 양처는 착한
아내라는 뜻이지요.
진수성찬(珍羞盛饌)은 푸짐하게 잘
차린 음식이란 뜻이에요.
진수는 진귀한 음식, 성찬은 성대하
게 차린 음식을 뜻해요.
만수무강(萬壽無疆)은 아무런 탈 없이 아주 오래 사는 것이죠.
만수(萬壽)는 만 개의 목숨이란 말이니 장수하다는 뜻이고, 무
강(無疆)은 한계가 없다는 말이지요.
천진난만(天眞爛漫)도 천진함이 흘러넘친다는 말이에요.
천진은 꾸밈이나 거짓이 없이 자연 그대로 깨끗하고 순진함을
말하고, 난만은 흘러넘치는 것을 말해요.
만장일치(滿場一致)는 모든 사람들의 의견이 하나라는 뜻이에요.
만장은 한 장소에 가득 모인 사람을, 일치는 하나로 된 것을 뜻
해요.
막상막하(莫上莫下)는 위도 없고, 아래도 없다는 말로 누가 더
낫다고 할 수 없는 상황을 말해요.
권선징악(勸善懲惡)은 착한 일은 권하고, 나쁜 일은 벌을 준다
는 뜻이에요. 권선(勸善)은 선을 권하고, 징악(懲惡)은 악을 징
벌한다는 뜻이랍니다.

말풍선: 할머니~ 만수무강 하세요!!
말풍선: 요녀석, 용돈이 떨어진 모양이구먼.

- **현모양처**(賢어질 현 母어미 모 良좋을 양 妻아내 처)
  어진 어머니이면서 착한 아내
- **진수성찬**(珍보배 진 羞바칠 수 盛담을 성 饌반찬 찬)
  푸짐하게 잘 차린 맛있는 음식
- **만수무강**(萬일만 만 壽목숨 수 無없을 무 疆한계 강)
  아무런 탈 없이 아주 오래 삶
- **천진난만**(天하늘 천 眞참 진 爛빛날 난 漫흘어질 만)
  조금도 꾸밈없이 아주 순진하고 천진함
- **만장일치**(滿찰 만 場장소 장 一致이를 치)
  모든 사람의 의견이 같음
- **막상막하**(莫없을 막 上위 상 莫 下아래 하)
  더 낫고 더 못함의 차이가 거의 없음
- **권선징악**(勸권할 권 善착할 선 懲혼낼 징 惡악할 악)
  착한 일을 권장하고 악한 일을 징계함

| 일 편 단 심 | 구 사 일 생 | 막 상 막 하 | 만 수 무 강 |
| 작 심 삼 일 | 진 수 성 찬 | 만 장 일 치 | 천 진 난 만 |

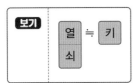 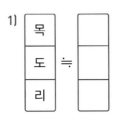

낱말밭
블록 맞추기

낱말밭 블록 맞추기

열쇠 ≒ 키

_____월 _____일 / 정답 142쪽

① [보기]와 같이 뜻이 같은 우리말과 다른 나라에서 들어온 말을 쓰세요.

[보기] 열쇠 ≒ 키

1) 목도리 ≒ ☐

2) 지도자 ≒ ☐

② 주어진 낱말을 넣어 문장을 완성하세요.

1) 치마 ≒ 스커트

여자의 아랫도리 겉옷인 ☐☐☐는 우리말로 ☐☐라고 해.

2) 면담 ≒ 인터뷰

서로 만나서 이야기를 하는 것은 우리말로 ☐☐ 이라고 하고, 외국에서 들어온 말로는 ☐☐ 라고 해.

③ 문장에 어울리는 우리말을 골라 ○표 하세요.

1) 집 (열쇠 / 키)을(를) 안 가지고 와서 집에 못 들어가고 있어.

2) 나는 잡지 기자가 되어서 유명한 배우들을 (인터뷰 / 면담)할 거야.

3) 요즈음 세대 간의 (갭 / 틈)이 점점 더 벌어지고 있어.

④ 짝 지은 낱말의 관계가 [보기]와 다른 것을 고르세요. ( )

[보기] 면담 – 인터뷰

① 열쇠 - 키 ② 가면 – 갭 ③ 견본 - 샘플

④ 주제 –테마 ⑤ 상여금 – 보너스

열쇠 / 키
목도리 / 머플러
치마 / 스커트
공책 / 노트
수레 / 카트
건물 / 빌딩
견본 / 샘플
상여금 / 보너스
가면 / 마스크
우유 / 밀크
빛깔 / 컬러
경기 / 게임
면담 / 인터뷰
주제 / 테마
지도자 / 리더
틈 / 갭

70

1 다음 설명에 해당하는 사자성어를 쓰세요.

1) 하나의 돌로 두 마리 새를 잡는다 → ☐☐☐☐

2) 한 조각 붉은 마음으로 진심어린 마음 → ☐☐☐☐

2 [보기]의 사자성어를 넣어 문장을 완성하세요.

> **보기**   작심삼일   진수성찬   권선징악

1) 착한 일을 권장하고, 악한 일을 징계하는 것은 ☐☐☐☐이야.

2) 푸짐하게 잘 차려진 음식을 ☐☐☐☐이라고 해.

3) '마음먹은 지 삼일'이란 뜻으로 굳은 결심이 얼마 가지 못하는 것을 ☐ ☐☐☐이라고 해.

3 문장에 어울리는 낱말을 골라 ○표 하세요.

1) 옹고집전의 옹고집과 흥부전의 놀부는 심술로는 (일편단심 / 막상막하)야.

2) 할머니, 생신 축하 드려요. (만수무강 / 만장일치)하세요.

3) 할아버지는 6·25 전쟁에서 (일편단심 / 구사일생)으로 살아 돌아오셨어.

4) 신사임당은 (천진난만 / 현모양처)로 유명해.

4 관계 <u>없는</u> 낱말끼리 짝 지어진 것을 고르세요. (   )

① 어진 아내 - 현모   ② 만 개의 목숨 - 만수

③ 아홉 번 죽음 - 구사   ④ 10개의 돌 - 일석

일석이조
일편단심
작심삼일
구사일생
현모양처
진수성찬
만수무강
천진난만
만장일치
막상막하
권선징악

			1)	2)				6)	7)	
									8)	
3)		4)					9)			
5)					10)					
			11)					17)		
	12)	13)				16)				
	14)	15)						18)	19)	

정답 | 142쪽

가로 열쇠

1) 무예를 익힌 사람
3) 더 낫고 더 못함의 차이가 거의 없음
5) 사람 몸에 무척 해로운 수은이나 납 같은 금속
6) 한국식으로 만든 종이
8) 누구를 피하거나 쫓겨서 빨리 달리다, ○○하다 = 도주하다
9) 중병을 앓는 사람
10) 착각으로 잘못 봄
12) 재해를 입은 사람
14) 서로 돕기로 맹세한 나라
16) 고려 시대 일연이 쓴 역사서
18) 강하고 큰 나라, 약소국 ↔ ○○○

세로 열쇠

2) 물건이나 도구, 시설을 이용하다 = 쓰다
4) 상으로 주는 돈 = 보너스
7) 남을 가르쳐 이끄는 사람 = 리더
9) 중요하게 봄
11) 가난한 사람
13) 일본에 사는 동포
15) 나라와 나라의 영역을 가르는 경계
17) '겉으로 보기에는 부드러우나 속은 꿋꿋하고 강하다'라는 말
19) 마주 대하여 서로 이야기를 주고받음

2장

밥은 주식, 반찬은 부식

副
버금 부

우리는 밥을 먹으면서 반찬을 곁들여 먹어요. 그래서 밥을 주식, 반찬을 부식(副食)이라고 해요. 부(副)는 '버금' 또는 '두 번째'라는 뜻이에요. 그러니까 주식은 '주로 먹는 것'이고, 부식은 '그다음으로 먹는 것'을 말해요.

다음 음식 중에서 부식인 것을 골라 ○표 해 볼까요?

쌀밥 ( )	김치 ( )	빵 ( )
멸치 볶음 ( )	수제비 ( )	계란말이 ( )

흐음, 반찬을 고르면 되니까 답은 '김치, 멸치볶음, 계란말이'예요. 수제비와 빵은 밥 대신 먹을 수 있으니까 주식이에요.
그럼 반찬 값은 뭐라고 할까요?
그래요, 부식비라고 하지요.
본래 직업은 주업, 틈틈이 하는 일은 부업(副業)이에요.
주업으로 버는 돈 이외에 따로 생기는 돈은 부수입(副收入)이지요. 부수입에는 '남모르게 생긴 돈'이라는 뜻도 있어요.

副 | 버금 부

- **부식**(副 食먹을 식)
  밥에 딸린 반찬
- **부식비**(副 食 費비용 비)
  반찬에 들어가는 비용
- **부업**(副 業일 업)
  주업 이외에 틈틈이 하는 일
- **부수입**
  (副 收거둘 수 入들 입)
  부업으로 거두어들인 돈

부상(副賞)은 어떤 일을 잘했다고 상을 준 다음에 같이 주는 상품이에요.

만일 부상으로 현금이 주어진다면 상금이라고 하지요. 하지만 너무 부상만 밝히면 곤란하겠지요?

대회에서 일등을 기대했다가 정말 일등을 하면 기대에 부응했다고 해요. 부응(副應)은 어떤 요구나 기대에 따라서 응하는 것을 말하지요.

사실 대회에서 일등 하는 것보다 중요한 것은 정정당당하게 경쟁하는 거예요.

이렇게 중요한 것 다음가는 것을 부차적(副次的)이라고 해요. 그러니까 정정당당한 경쟁은 주된 것이고, 일등 하는 것은 부차적인 거겠지요?

집에서 맛난 저녁을 만들어 먹고 나면 꼭 음식물 쓰레기가 생기곤 하지요.

> 이렇게 무언가를 만들어 낼 때 부차적으로 생기는 것은 무엇일까요? (　　)
>
> ① 덤　　　　　② 부산물　　　　　③ 부채

정답은 ②번 부산물(副産物)이에요.

부산물이 곧 쓰레기인 것은 아니에요. 가축의 먹이, 식품의 원료, 건축 재료 등으로 쓰이는 부산물도 있답니다.

副 딸릴 부

▶ **부상**(副 賞상상)
상에 딸린 상품

▶ **부응**(副 應응할 응)
어떤 요구나 기대에 따라서 응함

副 버금 부

▶ **부차적**
(副 次차례 차 的~할 적)
중요한 것 다음가는 것

▶ **부산물**
(副 産날 산 物물건 물)
부차적으로 생기는 물건

🔔 **부장품**

부장품(副딸릴 부 葬묻을 장 品물건 품)은 죽은 사람을 묻을 때 같이 묻는 물건이에요.

지금은 부장품이 거의 없지만, 옛날에는 지위가 높을수록 부장품을 많이 넣었대요. 그래서 왕의 무덤에서 많은 보물이 발견되는 거랍니다.

다리가 부러지면 무엇을 대야 할까요? 빈칸에 들어갈 말을 골라 보세요. (　　)

① 가방　　　② 부목　　　③ 장갑　　　④ 바지

정답은 ②번 부목이에요. 부목(副木)은 다친 곳을 고정시키는 나무예요. 다친 곳을 움직이지 못하게 해서 상처가 심해지지 않게 돕는 거지요. 이처럼 부(副)에는 '돕다'라는 뜻도 있어요.

공부를 할 때 주로 보는 책은 '주 교재'라고 해요. 주 교재 내용을 보충하고 도와주는 교재는 부교재(副敎材)라고 하지요. 부교재는 '보조 교재'라고도 해요.

그럼 군대의 부관은 뭐하는 사람이에요? 부관(副官)은 부대장이나 지휘관을 돕는 참모를 가리키는 말이에요.

자, 이제 다음 빈칸을 채워 볼까요?

장군을 도와 같이 싸우는 장수는 □□,

운동 경기에서 주요 심판인 주심이 바르게 판정하도록 돕는 심판은 □□이에요.

반장을 도와 반을 이끄는 사람은? □□□이지요.

정답은 순서대로 부장, 부심, 부반장이에요.

副　도울 부

▶ **부목**(副 木 나무 목)
다친 곳을 고정하여 상처가 심해지지 않게 돕는 나무

▶ **부교재**
(副 敎 가르칠 교 材 재료 재)
주 교재를 보충하고 도와 주는 교재, 보조 교재

▶ **부관**(副 官 벼슬 관)
부대장이나 지휘관을 돕는 참모

▶ **부장**(副 將 장수 장)
장군을 도와 같이 싸우는 장수

▶ **부심**(副 審 심판 심)
주심을 돕는 심판

▶ **부반장**
(副 班 나눌 반 長 우두머리 장)
반장을 도와 반을 이끄는 사람

🔔 **부서장**
회사나 조직에서 한 부(部)를 맡아 다스리는 사람이 부서장이에요. 줄여서 부장(部부서 부 長 우두머리 장)이라고 하지요. 장수를 가리키는 부장(副將)과 소리가 같아서 혼동하기 쉬우니, 조심해요!

부반장은 반장 다음가는 지위에 있어요. 모임이나 단체에서 제일 높은 사람은 대표(代表)예요. 대표 다음가는 사람은 부대표이지요.

이렇게 부(副)는 '다음가는', '두 번째 지위'를 뜻하기도 해요. '의장(議長)'은 회의의 우두머리이기도 해요. 회의를 진행하고 회의에서 나온 의견들을 모아 최종적으로 결정하는 사람이에요. 의장 다음가는 사람은 부의장이지요.

> 국회의 의장은 국회를 대표하고 여러 안건들을 정리하여 질서를 유지하는 사람이야.

> 의장을 도와 국회의 일을 맡아보는 사람은 **부의장**이야.

검찰이나 대학을 책임지고 있는 사람을 '총장'이라고 불러요. 모든 일을 맡아 한다고 해서 총장이지요. 총장 다음가는 사람은 부총장이에요.

대통령 다음가는 사람은 부통령(副統領)이에요. 부통령은 있을 수도 있고 없을 수도 있어요. 미국에는 있고 우리나라에는 없지요.
그럼 다음 빈칸을 채워 볼까요?
회사에서 제일 높은 사람은 사장, 사장 다음가는 사람은 ☐☐☐.
비행기를 모는 사람은 조종사,
조종사 다음가는 사람은 ☐☐☐☐.
정답은 순서대로 부사장, 부조종사예요. 조종사는 기장, 부조종사는 부기장이라고도 해요.

副 **다음갈 부**

■ **부대표**
(副 代대신할 대 表나타낼 표)
대표 다음가는 사람

■ **부의장**
(副 議의논할 의 長우두머리 장)
의장 다음가는 사람

■ **부총장**(副 總모두 총 長)
총장 다음가는 사람

■ **부통령**
(副 統이끌 통 領거느릴 령)
대통령 다음가는 사람

■ **부사장**(副 社회사 사 長)
사장 다음가는 사람

■ **부조종사**
(副 操잡을 조 縱놓을 종
士사람 사)
조종사 다음가는 사람 = 부기장
(副 機비행기 기 長)

> 엄마는 조종사.

> 어머, 그럼 넌 **부조종사**니?

| 부식 | 부업 | 부상 | 부응 | 부장 | 부관 |

| 부식비 | 부수입 | 부교재 | 부통령 |

① 공통으로 들어갈 한자를 따라 쓰세요.

관				
	차 적	副	조 종 사	상
식		버금 부		목

부식

부식비

부업

부수입

부상

부응

부차적

부산물

부장품

부목

부교재

② 어떤 낱말에 대한 설명인지 쓰세요.

1) 부업으로 거두어들인 돈 ➡ ☐☐☐

2) 죽은 사람을 묻을 때 같이 묻는 물건 ➡ ☐☐☐

3) 주 교재를 보충하고 도와주는 교재, 보조 교재 ➡ ☐☐☐

4) 대표 다음가는 사람 ➡ ☐☐☐

5) 부대장이나 지휘관을 돕는 참모 ➡ ☐☐

③ 알맞은 낱말을 찾아 문장을 완성하세요.

1) 건강이 으뜸이야. 공부는 건강에 비하면 ☐☐☐ 이야.

2) 노래 자랑 1등의 ☐☐ 은 문화 상품권이야.

3) 기장과 ☐☐☐ 이 힘을 합쳐서 비행기를 안전하게 운행했어.

4) ☐☐☐ 이 의장을 도와 회의를 진행하고 있어.

5) 옛날 왕의 무덤에서 ☐☐☐ 이 많이 나왔어.

④ 문장에 어울리는 낱말을 골라 ○표 하세요.

1) 밥은 주로 먹으니까 (부식 / 주식), 반찬은 곁들여 먹으니까 (부식 / 주식)이야.

2) 본래의 직업은 (주업 / 부업), 틈틈이 하는 일은 (주업 / 부업)이야.

3) 엄마의 기대에 (부상 / 부응)하는 아들이 될게요.

4) 미국의 대통령이 자리를 비웠을 때는 (부통령 / 부총장)이 그 일을 대신해.

5) 이 수업 자료를 반장과 (부의장 / 부반장)이 친구들에게 나누어 주렴.

⑤ 그림을 보고, 알맞은 낱말을 쓰세요.

다리가 부러졌나 봐. □□을 대야겠어.

미안해, 내가 피했어야 했는데….

☐ ☐

⑥ 그림을 보고, 공통으로 들어갈 낱말을 쓰세요.

쉿! 엄마한텐 비밀. □수입으로 산 거야.

아빠 최고! 우와.

□관! 나를 따르라!

이미, 그럼 넌 □조종사니?

엄마는 조종사.

☐

부관
부장
부심
부반장
부서장
부대표
부의장
부총장
부통령
부사장
부조종사
부기장

설익은 라면을 먹으라고?

뭐야, **설익어** 먹을 수가 없잖아.

헉~ 종이 씹는 맛이야.

오뎅 / 떡볶이 / 라면 / 풀

친구들, 라면이 익다 말면 무슨 맛일까요? 한마디로 끔찍한 맛이에요! 라면이나 밥처럼 푹 익어야 제맛이 나는 것들이 덜 익으면 설익다라고 해요. 이렇게 설은 다른 말 앞에 붙어서 '덜, 충분하지 못한'이라는 뜻을 만들어요.

삶아서 덜 익은 감자는 설삶은 감자라고 해요.

그럼 충분히 굽지 않아 덜 익은 것은 □굽다예요.

그런데 '설'이 꼭 먹을 걸 만드는 데만 붙는 건 아니에요.

잠이 덜 깨면 소리가 잘 안 들리지요? 그러면 엄마가 하시는 말씀을 잘 못 알아들을 수 있어요.

자다 일어난 지 얼마 안 돼 잠이 덜 깬 것은 □깨다예요.

말을 제대로 못 알아들으면 □듣다이지요.

엄마 말씀 설듣고 엉뚱한 짓 하면 안 돼. 잠 깨려면 세수부터.

설
덜

- **설익다**
  덜 익다
- **설삶다**
  덜 삶다
- **설굽다**
  덜 굽다
- **설깨다**
  잠이 덜 깨다
- **설듣다**
  말을 제대로 못 알아듣다

🔔 살얼음은 덜 언 얼음, 즉 단단하게 얼지 않고 얇게 살짝 언 얼음을 말해요. '살얼음'의 '살'은 '설'과 마찬가지 뜻이에요.

일어났으면 개똥 좀 치워라.

새똥을 왜 치워요?

낑낑

헉! **살얼음**이잖아!

꽈지직

자, 이제 '설'의 뜻을 생각하면서 다음 빈칸을 채워 봐요.

잠을 충분히 못 자면 ☐자다, 빨래가 덜 마르면 ☐마르다,

자물쇠를 제대로 안 잠그면 ☐잠그다,

버스 손잡이를 제대로 안 잡은 건 ☐잡다.

새 학년이 되면 새 교실에서 새 친구, 새 선생님을 만나지요.

처음에는 모든 게 서먹서먹하지요.

이럴 때는 낯설다고 해요. '얼굴이 익숙

하지 않고 서먹서먹하다'라는 말이에요.

많이 들어 본 말이지요? '낯설다'는 낯이

설다라는 말이 줄어든 거예요.

'낯'은 '얼굴', '설다'는 '부족하다'를 뜻해요.

그러면, '낯이 설다 = 얼굴이 부족하다'는 것이 대체 무슨 말이에요?

'설'에 '덜' 혹은 '부족한'이라는 뜻이 있어요. 그래서 덜하거나 부족한 상태를 설다라고 해요. 밥이 덜 되면 '밥이 설다', 잠을 부족하게 자면 '잠이 설다'라고 하지요.

그러니까 '낯(얼굴)이 설다'라는 건 만남이 부족한 거예요. 만남이 부족하니까 서로 익숙하지 않고, 서먹한 거지요. 마찬가지로, 어떤 물건이 손에 익숙하지 않으면 손에 설다라고 말해요.

'설'의 뜻을 생각하며 빈칸을 마저 채워 봐요.

귀에 익숙하지 않으면 귀에 ☐다,

눈에 익숙하지 않으면 눈에 ☐다.

설
덜, 제대로 안 된

■ **설자다**
잠을 충분히 못 자다

■ **설마르다**
덜 마르다

■ **설잠그다**
제대로 안 잠그다

■ **설잡다**
제대로 안 잡다

설다
부족하다, 익숙하지 않다

■ **낯이 설다**
얼굴이 익숙하지 않고 서먹서먹하다 = 낯설다

■ **손에 설다**
손에 익숙하지 않다

■ **귀에 설다**
귀에 익숙하지 않다

■ **눈에 설다**
눈에 익숙하지 않다

🔔 **이런 말도 있어요**

애는 '어린아이'를 뜻해요. 그래서 어린애처럼 구는 사람을 애송이, 어려 보이는 사람을 앳되다라고 하지요.
또, 덜 익어 어린 호박은 ☐호박, 덜 자라서 어린 벌레는 ☐벌레라고 해요.

잠을 깊이 못 잤다니, 잠을 설잔 모양이에요.
이렇게 '설잔 잠'을 무엇이라고 할까요? (　　　)

① 긴잠　　② 단잠　　③ 선잠　　④ 설잠

④번? 아, 안타까워요…. 정답은 ③번 선잠이에요.
잠을 설잤으니 '설잠'일 것 같지만 사실은 선잠이 맞아요.
'설'이 이름을 나타내는 낱말과 함께 쓰이면 '선'으로 바뀐답니다.
선은 '부족한, 서투른, 어설픈'의 뜻을 가지고 있어요.

'설'이 '선'으로 바뀌는 낱말을 찾아 ○표를 해 봐요!

① 행동이 서툴러 항상 덜렁거리는 사내아이는?
　　선머슴 (　　)　　　　설머슴 (　　)
② 우습지도 않은데 꾸며서 서투르게 짓는 웃음은?
　　선웃음 (　　)　　　　설웃음 (　　)
③ 무당을 한 지 얼마 되지 않아 서투른 무당은?
　　설무당 (　　)　　　　선무당 (　　)

모두 찾았지요? 정답은 ① 선머슴, ② 선웃음, ③ 선무당이에
요. 이 셋 모두 '무언가 부족하고 어설프고 덜됐다'라는 뜻을 가
지고 있지요.

선

부족한, 서투른

선잠
충분히 못 잔 잠

선머슴
행동이 서투르고 덜렁대는 사내아이

선웃음
우습지도 않은데 꾸며서 서투르게 짓는 웃음

선무당
서투른 무당

🔔 **선무당이 사람 잡는다**
어설픈 지식을 가지고 잘 아는 척해서 일을 그르친다는 뜻의 속담이에요.

🔔 이런 말도 있어요

섣부르다는 무슨 일을 할 때 조심성이 없고 제대
로 못 한다는 뜻이에요. 비슷한 말로 서투르다가
있어요. 어떤 일에 경험이 없고 익숙하지 못하다는 뜻이
에요. 요리가 서투르면 요리를 잘 못 하고, 자전거 타는
게 서투르면 자전거를 잘 못 타요.

덜 익은 사과는 무엇이라고 할까요?

설사과? 선사과?

하하! 아냐, 풋사과라고 해요. 여기서
풋은 '덜 익은' 또는 '처음 나온'이라는
뜻을 지니고 있어요.

빈칸을 채우면서 계속 읽어 봐요.

덜 익은 과일은 ☐과일, 덜 익은 파란 고추는 ☐고추, 봄에
처음 나온 나물은 ☐나물이라고 해요. 풋나물이나 풋과일에서
나는 싱싱하고 풋풋한 풀 냄새는 풋내라고 해요.

풋내는 사람한테서도 나요. 이때는 서투르고 어린 티가 난다는
말이에요. 그래서 풋이 붙으면 '서투르다'라는 뜻도 있지요.

어떤 일을 처음 하느라 서투른 사람은 풋내기,
풋내기들이 하는 서투르고 어설픈 사랑은 풋사랑이에요.

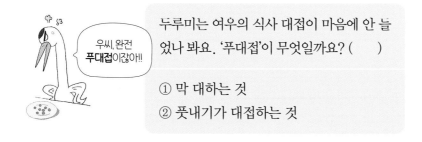

누루미는 여우의 식사 대접이 마음에 안 들
었나 봐요. '푸대접'이 무엇일까요? (   )

① 막 대하는 것
② 풋내기가 대접하는 것

정답은 ①번이에요. 푸대접은 정성을 들이지 않고 아무렇게나 막
대하는 거예요. 원래 '풋대접'인데 '푸대접'으로 바뀌었답니다.

풋

덜 익은, 처음 나온

- 풋사과
- 풋과일
- 풋고추
- 풋나물
  봄에 처음 나온 나물
- 풋내
  풋나물이나 풋과일의 싱싱한
  냄새

풋

서투른

- 풋내
  서투르고 어린 티
- 풋내기
  어떤 일을 처음 해 보는 서투른
  사람
- 풋사랑
  서투르고 어설픈 사랑
- 푸대접(待대할 대 接대접할 접)
  정성을 들이지 않고 아무렇게
  나 하는 대접

설익다 설삶다 설굽다 설깨다 풋내

설자다 선머슴 풋과일 풋내기 선잠

설

설익다

설삶다

설굽다

설깨다

설듣다

설자다

설마르다

설잠그다

설잡다

낯이 설다

낯설다

손에 설다

귀에 설다

눈에 설다

살얼음

선잠

선머슴

1 공통으로 들어갈 낱말을 쓰세요.

| 익 다 | | | | 낯 이 다 |

| | 마 르 다 | | 잠 그 다 | |

| 자 다 | | | | 눈 에 다 |

2 어떤 낱말에 대한 설명인지 쓰세요.

1) 덜 삶음 ➡ ☐☐☐

2) 충분히 잠을 못 잠 ➡ ☐☐

3) 무슨 일을 할 때 조심성이 없고 제대로 못 함 ➡ ☐☐☐☐

4) 풋나물이나 풋과일의 싱싱한 냄새 ➡ ☐☐

5) 덜 익어 어린 호박 ➡ ☐☐☐

3 알맞은 낱말을 찾아 문장을 완성하세요.

1) 새 학년이 되니 새 반에 아는 친구가 하나도 없어서 무척 ☐☐☐ .

2) 행동이 서투르고 덜렁대는 게, 꼭 ☐☐☐ 같구나.

3) 오랜만에 찾아온 친구에게 이렇게 ☐☐☐ 이라니, 다신 안 만나!

4) 강백호는 농구를 배운 지 이제 한 달 된 ☐☐☐ 야.

4 문장에 어울리는 낱말을 골라 ○표 하세요.

1) (선무당 / 선머슴)이 사람 잡는다.

2) 빨래가 (설마르다 / 설익다).

3) 할머니, 길에 (선잠 / 살얼음)이 얼었어요. 조심하세요.

4) 억지로 (설익은 / 설웃음) 짓지 마.

5) 잠이 (설잠그다 / 설깨다).

5 그림을 보고, 빈칸에 들어갈 말이 순서대로 짝 지어진 것을 고르세요.

(   )

> 네가 콩 집어 먹기에 그렇게 □□□지 몰랐어.

> □□□□ 말하지 마. 나도 이번엔 준비를 해왔나니.

① 섣부른 – 서툰

② 섣부른 – 서툴게

③ 서투른 – 섣부르게

④ 서투른 – 설게

6 사진을 보고, 공통으로 들어갈 낱말을 쓰세요.

> 난 덜 익은 □사과. 날 잘못 먹으면 배탈 날걸!

> 난 덜 익은 □고추. 된장에 찍어 먹어야 제맛!

> 난 봄에 처음 나온 □나물 어때, 침 고이지?

| 선웃음 |
| 선무당 |
| 섣부르다 |
| 서투르다 |
| 풋사과 |
| 풋과일 |
| 풋고추 |
| 풋나물 |
| 풋내 |
| 풋내기 |
| 풋사랑 |
| 푸대접 |
| 애송이 |
| 앳되다 |
| 애호박 |
| 애벌레 |

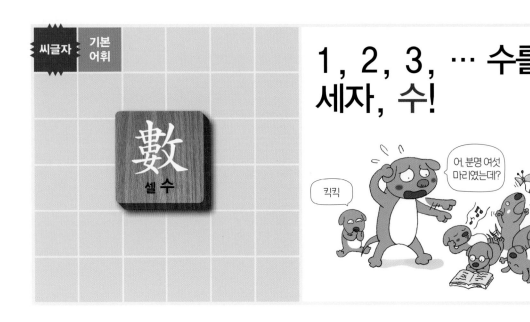

1, 2, 3, … 수를 세자, 수!

數
셀 수

어, 분명 여섯 마리였는데?

킥킥

ㄴ~ㄴ~ㄴ

위 그림에서 어미 개는 무엇을 하고 있을까요? (   )

① 강아지의 길이를 잰다.　　② 강아지의 수를 샌다.
③ 강아지의 크기를 잰다.　　④ 강아지의 무게를 잰다.

정답은 ②번이에요. 어미 개는 강아지를 한 마리씩 세어 보고 다섯 마리밖에 없는 것을 알아냈어요.

이렇게 수를 세는 것을 한자로 수(數)라고 해요. 또 헤아려서 알아낸 수도 수(數)라고 하지요.

다음 빈칸에 알맞은 글자를 넣어 봐요.

수를 나타내는 글자는 숫자(數字),

수에 관해 연구하는 학문은 [ ]학(數學),

계산하여 얻은 값은 [ ]치라고 해요.

세어야 할 것들에는 여러 가지가 있어요.

제일 자주 세어야 할 것은 사물의 개수(個數)예요.

낱개를 하나씩 세어서 몇 개인지 알아내는 거예요. 또 어떤 것을 셀 수 있을까요?

數字를 한글로 적을 때는 '수자'가 아니라 '숫자'야 틀리지 않게 조심!

數　숫자 수

■ **숫자**(數字 글자 자)
　수를 나타내는 글자
■ **수학**(數 學 학문 학)
　수에 관해 연구하는 학문
■ **개수**(個 낱개 개 數)
　낱개의 숫자

數　셀 수

■ **수치**(數 値 값 치)
　계산하여 얻은 값

1점, 2점, 3점, …는 점수,

1등, 2등, 3등, …는 등수,

한 권, 두 권, 세 권, …는 책의 권수,

10원, 100원, 1000원, …는 돈의 액수

를 세는 거지요.

그런데 잠깐! 세상에는 셀 수 없는 것도

많잖아요?

다음 중 셀 수 없는 것은 무엇일까요? (   )

① 염소　　　　　② 연필　　　　　③ 연못의 물

그래요, ③번이에요. 연못의 물은 셀 수가 없어요. 물은 모양이

일정하지 않고 한 덩어리로 있잖아요. 셀 수 있으려면 모양이

일정하고 낱낱으로 떨어져

있어야 해요.

물처럼 셀 수 없는 것은 양을 재

면 되지요. 이렇게 세거나 재서

알아낸 사물의 수나 양을 수량

(數量)이라고 해요.

학급 회의 시간에 서로 의견이 다르면 다수결로 정하지요. 다수

(多數)는 수가 많은 것을 말해요. 다수결은 수가 많은 쪽의 뜻

■ **점수**(點점 점 **數**)

　점수를 나타내는 숫자

■ **등수**(等등급 등 **數**)

　등급을 나타내는 숫자

■ **권수**(卷책 권 **數**)

　책의 수를 나타내는 숫자

■ **액수**(額액수 액 **數**)

　돈의 양을 나타내는 숫자

■ **수량**(數量양 량)

　사물의 수나 양

🔔 **수가 많다**

수(數숫자 수)많다 : 수가 많다

수(數셀 수)없다 : 셀 수 없을 만
큼 많다

무수(無없을 무 數셀 수)하다 :
셀 수 없을 만큼 많다

🔔 **이런 말도 있어요**

재수의 '재'는 '재물', 수(數)는 '운'을 뜻해요. 재수가 좋다는
건 운이 좋아서 재물이 생기는 것을 말해요. 돈이나 좋은 물
건은 재물을 뜻하지요. 하지만 재물뿐 아니라 좋은 일이 생
길 때에도 '재수가 좋다', '재수가 있다'라고 해요.

■ **재수**(財재물 재 **數**운 수) 재물이 생길 운

에 따라 결정하는 것이에요.

다수가 되려면 절반이 넘어야겠지요? 반이 넘는 것을 과반수,

수가 적은 쪽은 '적을 소(少)'를 써서 소수(少數)라고 하지요.

뭐, 케롱롱 스티커를 또 산다고!

으음, 겨우 **수십** 장밖에 못 모았는데….

위 그림에서 똘똘이가 말한 수십 장은 얼마쯤 될까요? (   )

① 열 장   ② 이삼십 장   ③ 구십 장

좀 어렵지요? 정답은 ②번 이삼십 장이에요.

숫자를 나타내는 '십' 앞에 붙은 수(數)는 '몇'이라는 말이지요.

'몇'은 이, 삼에서 오를 넘지 않는 수를 말해요.

그러니까 수십은 이삼십, 수백 년은 이삼백 년쯤 되는 거지요.

'수차(數次) 말했다'는 여러 차 말했다는 거예요.

수(數)에 '여러'라는 뜻도 있어요. '여러'는 많다는 뜻이지요.

數 셀 수

▪ **다수**(多 많을 다 數)
많은 수

▪ **다수결**(多 數 決 결정할 결)
다수의 뜻에 따라 결정하는 것

▪ **과반수**
(過 지날 과 半 절반 반 數)
절반이 넘는 수

▪ **소수**(少 적을 소 數)
적은 수

數 몇 수

▪ **수십**(數 十 열 십)
이삼십

▪ **수백**(數 百 백 백)
이삼백

▪ **어림수**(數)
어림잡아 나타내는 수

數 여러 수

▪ **수차**(數 次 번 차)
여러 번

🔔 **이런 말도 있어요**

다리 짧은 뱁새가 황새 쫓아가면 가랑이가 찢어진다는 말이

있어요. 이런 걸 분수(分數)에 맞지 않는다고 해요. 자기 능력이나

형편에 맞지 않게 행동하다가 안 좋은 일을 당할 때 쓰는 말이지요.

▪ **분수**(分 형편 분 數 등급 수) : 자기 능력이나 형편

어디 한번 따라와 봐.

흥, 못 따라갈 줄 알고? 으익!

이렇게 '수십'이나 '수백'처럼 정확히
나타내지 않고 어림잡아 나타내는
수를 어림수라고 해요.
빈칸을 채우면서, 어림수 연습을 더
해 볼까요? 두서너 달 또는 여러 달은
☐개월, 두서너 해 또는 대여섯 해는 ☐년이에요.

바나나를 아침에 4개 받는 게 정말 더 좋은 걸까요?
아니에요. 주인이 원숭이에게 주는 바나나 수는 하루에 7개로
똑같잖아요. 주인이 원숭이에게 '속임수'를 쓰는 거예요. 속임
수란 남을 속이려고 꾀를 내는 걸 말해요.

여기서 수(數)는 '꾀'를 뜻하지요.
또 어떤 '수'가 있는지 빈칸을 채워
볼까요?
꾀나 어떤 방법을 써서 일을 꾸미는
술☐,
꾀를 내서 뭔가를 노리는 노림☐.

- **수개월**(數 個낱개 개 月달 월)
  두서너 달 또는 여러 달
- **수년**(數 年해 년)
  두서너 해 또는 대여섯 해

數 꾀 수

- **속임수**(數)
  남을 속이려고 꾀를 내는 것
- **술수**(術꾀 술 數)
  꾀를 내어 일을 꾸미는 것
- **노림수**(數)
  꾀를 내어 뭔가를 노리는 것

🏠 **조삼모사**

조삼모사(朝아침 조 三셋 삼 暮
저녁 모 四넷 사)는 '아침에 3개,
저녁에 4개'라는 말이에요. 그
림에서 본 것처럼 얕은 꾀로 남
을 속이는 것을 뜻해요.

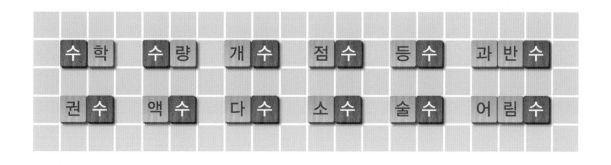

수 학	수 량	개 수	점 수	등 수	과 반 수
권 수	액 수	다 수	소 수	술 수	어 림 수

숫자

수학

개수

수치

점수

등수

권수

액수

수량

수많다

수없다

무수하다

재수

다수

1 공통으로 들어갈 한자를 따라 쓰세요.

십

량

어 림

數
셀 수

다 결

액

술

2 어떤 낱말에 대한 설명인지 쓰세요.

1) 계산하여 얻은 값 ➜ ☐☐

2) 절반이 넘는 수 ➜ ☐☐☐

3) 두서너 달 또는 여러 달 ➜ ☐☐☐

4) 아침에 3개, 저녁에 4개. 얕은 꾀로 남을 속임 ➜ ☐☐☐☐

5) 꾀를 내어 일을 꾸미는 것 ➜ ☐☐

3 알맞은 낱말을 찾아 문장을 완성하세요.

1) 접시 위에 있는 사과의 ☐☐ 를 세어 봐.

2) 용돈의 ☐☐ 가 너무 적어요. 용돈을 올려 주세요. 엄마.

3) 학급 회의에서는 ☐☐☐ 로 결정해.

4) 사람은 자기 ☐☐ 에 맞게 행동해야 하는 법이야.

4 문장에 어울리는 낱말을 골라 ○표 하세요.

1) 사기꾼 아저씨가 (술수 / 수차)를 부려 사람들의 돈을 가로챘어.

2) 돈이나 좋은 물건, 좋은 일이 생길 때에는 (재수 / 노림수)가 좋다고 해.

3) 국어 시험 (권수 / 점수)가 나빠서 시험지를 숨겨야겠어.

4) 연필의 (개수 / 수량)를 세어 보고, 연못에 있는 물의 (개수 / 수량)도 재 보자.

5) 저쪽 팀은 사람이 많이 왔는데, 우리 팀은 (다수 / 소수)네.

| 다수결 |
| 과반수 |
| 소수 |
| 수십 |
| 수백 |
| 어림수 |
| 수차 |
| 분수 |
| 수개월 |
| 수년 |
| 속임수 |
| 술수 |
| 노림수 |
| 조삼모사 |

5 그림을 보고, 알맞은 낱말을 쓰세요.

1)

모자에서 토끼가 나오다니 저건

☐☐☐야!

2)

마당 쓸고 돈도 줍고,
오늘은 ☐☐가 좋아!

6 그림을 보고, 알맞은 낱말을 연결하세요.

1)

•

•

등 수

2)

•

•

권 수

3)

•

•

액 수

완전 멋져, 내 전부야!

全
완전할 전

全 완전할 전

완전(完완전할 완 全)
모자라거나 잘못된 것 없이 훌륭함

완전 초보
(完全 初처음 초 步걸을 보)
무언가를 진짜로 처음 시작하는 사람

위 그림의 빈칸에 들어갈 말은 무엇일까요? (　　)

① 완전　　② 건전　　③ 부실　　④ 보전

정답은 ①번이에요. 당연히 모든 것이 완벽해서 흠잡을 데가 없다는 말이 들어가야지요? 완전(完全)은 이렇게 모자라거나 잘못된 것이 없이 훌륭할 때 쓰는 말이에요.
완전이라는 말이 꼭 좋은 것에만 쓰이는 건 아니에요. 가끔 자동차 뒤에 '완전 초보'라고 써 붙인 차를 본 적 있지요? 완전 초보는 초보 중의 초보를 말해요. 진짜로 초보니까 뒤에 오는 차가 아주 많이 조심해야 한다는 말이지요.

다음 애국가 구절의 빈칸에 들어갈 말은 무엇일까요? (　　)
"대한 사람 대한으로 길이 □□하세."

① 사랑　　② 보존　　③ 보전　　④ 좋아

정답은 ③번 보전이에요.

92

보전(保全)은 온전하게 보호하고 유지한다는 말이에요. 이렇게 전(全) 혼자서도 '완전하다' 혹은 '온전하다'라는 뜻을 나타낼 수 있어요.

완전하다는 말은 알겠는데, 온전하다는 말은 모르겠다고요? 온전(穩全)은 '부서지거나 망가진 곳이 없이 본래 그대로'라는 말이에요. 그래서 바르거나 옳다는 뜻으로도 쓰이지요. 이 말은 물건뿐 아니라 사람에게도 쓸 수 있어요.

건전(健全)은 마음이 건강하고 온전하다는 말이에요. 건전 사이트란 우리에게 도움이 되는 좋은 정보가 많은 사이드지요. 건전한 게임, 건전한 이성 교제도 모두 마찬가지예요. 우리 마음을 밝고 건강하게 만들어 주는 게임과 이성 교제를 뜻하는 거예요.
그럼 건전하지 못한 것은 무건전 또는 비건전이라고 말해요? 아니에요, 불건전(不健全)이라고 해요.

- **보전**(保보호할 보 全)
  온전하게 보호하고 유지함
- **온전**(穩온전할 온 全)
  부서지거나 망가진 곳 없이 본래 그대로임
- **건전**(健튼튼할 건 全)
  마음이 건강하고 온전함
- **불건전**(不아니 불 健全)
  건전하지 않음

🔔 보전과 보존
보전은 온전하게 보호하여 유지한다는 말이지요. '있는 상태를 그대로 유지한다'라는 뜻이 강해서 주로 '환경 보전, 생태계 보전'으로 쓰이지요. 보존은 잘 보호하고 간수하여 남긴다는 말로, 주로 '문화재 보존', '유물 보존'과 같이 쓰이지요.

<table>
<tr><td>全</td><td>모두 전</td></tr>
</table>

전부(全 部나눌 부)
나누어진 부분을 합쳐서 모두

전체(全 體몸 체)
전부

전(全) 과목
모든 과목, 과목 전체

전(全) 국민
모든 국민, 국민 전체

전(全) 세계
모든 세계, 세계 전체

전(全)혀
완전히 아님

전적(全 的~할 적)**으로**
모두 그러함

딴청 피우는 녀석까지, 강아지는 '전부' 여섯 마리예요. 전부(全部)는 '부분 부분을 합쳐서 모두'라는 말이지요.

그럼 '전부'와 비슷한 말은 무엇일까요? (　　)

① 부분　　② 전체　　③ 정전　　④ 전쟁

정답은 ②번이에요. 전체(全體)는 '전부'와 비슷한 말이에요. 둘 다 '모두'를 의미하지요. 전(全)은 이렇게 '모두', '다'라는 뜻도 가지고 있어요. 모든 과목은 전 과목, 모든 국민은 전 국민, 세계 전체는 전 세계지요.

🔔 **온 나라**
순 우리말인 '온'도 '모두, 전체'를 뜻해요. 온 누리, 온 세상, 온 나라, 온 국민, 온 식구, 온 몸, 온 마음…. 이런 식으로 말해요.

자, 집 안의 똥은 과연 누구 똥일까요? 그래, 큰 녀석 똥이지요. 전혀랑 전적으로는 둘 다 '모두, 완전히'를 뜻해요. 전혀 잘못하지 않았다는 말은 자기 잘못은 '완전히' 하나도 없다는 거고, 전적으로 잘못했다는 말은 자기가 잘못을 '모두 다' 했다는 거예요. 전혀는 대체로 '아니다'는 뜻의 부정적인 말에, 전적으로는 '그렇다'는 뜻의 긍정하는 말에 붙어요.

전국(全國)은 나라 전체를
뜻하지요. 전교(全校)는
학교 전체를 말해요.
이런 식으로 '전체'를 뜻하는
전(全)이 들어가는 말을 알아볼까요?
몸 전체는 □신,
어떤 지역 전체는 □역,
전체가 다 없어지거나 죽으면 □멸,
또 여러 권으로 이루어진 책 전체는 □집이라고 해요.
'전원 집합!'은 무슨 말인지 알고 있어요? 어떤 모임을 이루고 있
는 사람을 구성원이라고 불러요. 이 구성원 전체를 전원(全員)이
라고 해요. '전원 집합'은 모든 사람들이 다 모이라는 말이에요.

전력(全力)은 온 힘을 다
해 노력한다는 말이에요.
질주는 빨리 달리는 거예
요. 그러니까 전력 질주는
온 힘을 다해 빨리 달리는
거지요.
전력 질주를 하려면 전심
전력으로 달려야 해요.
'전심전력'은 온 마음과 온 힘을 다한다는 말이에요.

全	전체 전

■ **전국**(全 國나라 국)
나라 전체

■ **전교**(全 校학교 교)
학교 전체

■ **전신**(全 身몸 신)
몸 전체

■ **전역**(全 域지역 역)
어떤 지역 전체

■ **전멸**(全 滅없어질 멸)
전체가 다 없어지거나 죽음

■ **전집**(全 集모을 집)
여러 권으로 이루어진 책 전체

■ **전원**(全 員사람 원)
어떤 모임을 이루고 있는 사람
전체

■ **전력**(全 力힘 력)
온 힘을 다함

■ **전력 질주**
(全力 疾빠를 질 走달릴 주)
온 힘을 다해 빨리 달림

■ **전심전력**
(全 心마음 심 全力)
온 마음과 온 힘

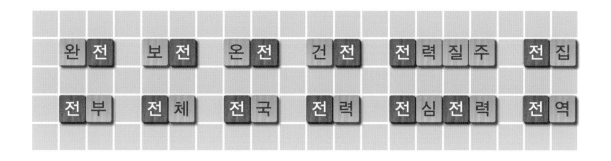

완	전	보	전	온	전	건	전	전	력	질	주	전	집
전	부	전	체	전	국	전	력	전	심	전	력	전	역

全
완전할 전

---

① 공통으로 들어갈 한자를 따라 쓰세요.

부

세 계 → 全 ← 심 력

완전할 전

멸

완

건

완전
완전 초보
보전
온전
건전
불건전
보존
전부
전체
전 과목
전 국민
전 세계
전혀
전적으로
온 나라
온 누리

---

② 어떤 낱말에 대한 설명인지 쓰세요.

1) 완전히 아님 → ☐☐

2) 부서지거나 망가진 곳이 없이 본래 그대로임 → ☐☐

3) 나라 전체 → ☐☐

4) 여러 권으로 이루어진 책 전체 → ☐☐

5) 무언가를 진짜로 처음 시작하는 사람 → ☐☐☐☐

---

③ 알맞은 낱말을 찾아 문장을 완성하세요.

1) 달걀은 모든 영양소를 다 갖춘 ☐☐ 식품이야.

2) 민이는 지각하지 않으려고 학교까지 ☐☐☐☐ 했어.

3) 열심히 운동을 했더니 ☐☐ 에 땀이 났어.

4) 선생님 결혼식에는 우리 반 학생 ☐☐ 이 참석하기로 했어.

4 문장에 어울리는 낱말을 골라 ○표 하세요.

1) 멧돼지를 함부로 잡는 바람에 멧돼지들이 (전멸 / 전혀) 위기에 놓였대.

2) 미래를 위해 우리는 환경을 잘 (건전 / 보전)해야 해.

3) 미영이가 한 요리를 먹었더니 (전역 / 전신)에 두드러기가 났어.

4) 오늘부터 (전교 / 전국)적으로 많은 비가 내린대.

5) 내일부터 앞으로 20여 일간 (온 나라 / 전 세계)인이 참여하는 올림픽이 열려요.

5 그림을 보고, 공통으로 들어갈 낱말을 쓰세요.

6 그림을 보고, 알맞은 낱말을 쓰세요.

| 온 세상 |
| 온 국민 |
| 온 식구 |
| 온몸 |
| 온 마음 |
| 전국 |
| 전교 |
| 전신 |
| 전역 |
| 전멸 |
| 전집 |
| 전원 |
| 전력 |
| 전력 질주 |
| 전심전력 |

배는 복부, 몸의 일부분

部
부분 부

요즘 사람들은 잘 먹는 반면 운동량이 부족해서 복부 비만이 많아지고 있대요.

복부는 대장, 소장 등이 있는 배 부분을 말해요. 두부(頭部)는 머리 부분을 말하고, 흉부는 가슴 부분을 말하죠. 흉부외과 알죠? 복부, 두부, 흉부에는 공통적으로 '부분'을 뜻하는 부(部)가 들어가요. 대퇴부의 '부'도 같은 글자죠. 대퇴부는 허벅다리를 말해요.

우아, 소고기의 부위들이에요! 부위(部位)는 특정 부분이 있는 자리를 뜻해요.
부위마다 맛과 용도가 달라서 알아 두면 좋아요.

部	부분 부

■ **복부**(腹배 복 部)
배 부분

■ **두부**(頭머리 두 部)
머리 부분

■ **흉부**(胸가슴 흉 部)
가슴 부분

■ **흉부외과**
(胸部 外 바깥 외 科과목 과)
심장 같은 흉부의 장기에 생기는 병을 담당하는 외과

■ **대퇴부**
(大큰 대 腿넓적다리 퇴 部)
허벅다리

■ **부위**(部 位자리 위)
특정 부분이 있는 자리

허걱, **부품** 하나 달랑 남았네.

자전거의 바퀴와 페달은 자전거의 부품(部品)이에요. 조립식 장난감에도 부품이 많아요. 자동차에는 무려 2만 개도 넘는 부품이 들어간대요.

자전거 바퀴도 자세히 보면, 고무와 철 그밖에 많은 부품으로 이루어져 있어요. 이처럼 자세히 보면 보이는 작은 부분을 세부(細部)라고 하죠.

방향을 나타내는 동서남북에도 '부'를 붙일 수 있어요.

1) 동쪽 부분 → 동☐   2) 서쪽 부분 → 서☐
3) 남쪽 부분 → ☐☐   4) 북쪽 부분 → ☐☐

빈칸에는 1) 부, 2) 부, 3) 남부, 4) 북부가 들어가겠죠?
우리가 사는 도시나 마을을 생각해 보세요. 중심부가 있고 주변부가 있어요. 중심부는 중심이 되는 부분, 주변부는 변두리에 있는 부분이죠. 다음 그림의 빈칸을 알맞게 채워 보세요.

2) 중심☐

1) 주변☐   3) 주☐☐

1) 부, 2) 부, 3) 변부가 들어가겠죠?

■ **부품**(部 品물건 품)
기계 따위의 어떤 부분에 쓰이는 물건
■ **세부**(細작을 세 部)
작은 부분
■ **동부**(東동쪽 동 部)
동쪽 부분
■ **서부**(西서쪽 서 部)
서쪽 부분
■ **남부**(南남쪽 남 部)
남쪽 부분
■ **북부**(北북쪽 북 部)
북쪽 부분
■ **중심부**
(中가운데 중 心가운데 심 部)
중심이 되는 부분
■ **주변부**
(周둘레 주 邊가장자리 변 部)
변두리에 있는 부분

🔔**치부**
치부(恥부끄러울 치 部)는 남에게 드러내고 싶지 않은 부끄러운 부분이에요. 신체의 어떤 부분일 수도 있고, 과거에 자기가 잘못했던 일일 수도 있어요.

일부(一한 일 部)
한 부분

전부(全전체 전 部)
전체 다

대부분
(大큰 대 部 分부분 분)
절반을 훨씬 넘는 큰 부분

외부(外바깥 외 部)
바깥 부분

내부(內안 내 部)
안쪽 부분

사과의 일부에만 독이 묻어 있었군요. 백설 공주가 사과의 전부(全部)를 먹지 않아서 목숨을 건졌어요. 전부는 전체 다, 일부는 한 부분을 말해요.

다음 빈칸에 들어갈 알맞은 말은 무엇일까요? (   )
'사람들은 ☐☐☐ 아이스크림을 좋아한다.'

① 대퇴부   ② 부속품   ③ 주변부   ④ 대부분

정답은 ④ 대부분(大部分)이에요. 절반을 훨씬 넘어 전체에 거의 가까운 큰 부분이란 뜻이에요. 아이스크림은 많은 사람들이 좋아하잖아요. 다음 빈칸을 채워 보세요.
"내가 좋아하는 아이스크림은, 외☐에는 땅콩이 뿌려져 있고, 내☐에는 초콜릿이 들어가 있는 거야!
빈칸에 모두 '부'가 들어가요. 외부는 바깥 부분, 내부는 안쪽 부분이죠.

🔔 이런 말도 있어요

신문이나 책처럼 똑같이 찍어 내는 인쇄물을 세는 단위는 부(部)라고 해요.
다음 빈칸을 채워 보세요.
• 이번 신문은 만 ☐를 찍었어.
• 이 책 다섯 ☐는 샛별 도서관에 보내야겠어.
네, 빈칸에는 세는 단위인 '부'가 들어갑니다.

1부도 안 끝났는 데 자고 있군.

저런, 돼지 군이 음악회에 가서 졸고 있군요! 음악회는 1부, 2부로 나뉘는 경우가 많아요. 1부(部), 2부(部)도 부분이라는 뜻이죠.

건물의 윗부분은 상층부 혹은 상부라 하고, 아랫부분은 하층부 혹은 하부라고 해요.

어른들이 일하는 회사, 군대, 정부 조직도 건물처럼 상부와 하부로 나뉘어 있어요. 상부는 하부에 업무와 관련된 지시를 내릴 수 있어요.

상부

하부

회사나 정부 등에는 하는 일에 따라 여러 업무를 부분으로 나누어 처리하는 부서(部署)가 있어요.

다음 빈칸을 채워 볼까요?

각 부서의 책임자를 부서장 혹은 □장,

각 부서에서 일하는 사람들을 □원이

라고 하죠.

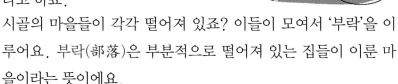

시골의 마을들이 각각 떨어져 있죠? 이들이 모여서 '부락'을 이루어요. 부락(部落)은 부분적으로 떨어져 있는 집들이 이룬 마을이라는 뜻이에요.

- **상층부**(上위 상 層층 층 部) 윗부분 = 상부
- **하층부**(下아래 하 層 部) 아랫부분 = 하부
- **부서**(部 署나눌 서) 하는 일에 따라 나누어진 조직의 각 부분
- **부장**(部 長우두머리 장) 부서의 책임자
- **부원**(部 員사람 원) 부서에 속한 사람
- **부락**(部 落마을 락) 부분적으로 떨어져 있는 집들이 이루고 있는 마을

두 **부**   흥 **부**   복 **부**   세 **부**   대 퇴 **부**   동 **부**

일 **부**   전 **부**   내 **부**   외 **부**   대 **부** 분   서 **부**

씨글자
블록 맞추기

부분 부

복부

두부

흉부

흉부외과

대퇴부

부위

부품

세부

동부

서부

남부

북부

중심부

주변부

① **공통으로 들어갈 한자를 따라 쓰세요.**

서 / 위 — 대 분 — **部** 부분 부 — 흉 외 과 — 세 / 일

② **어떤 낱말에 대한 설명인지 쓰세요.**

1) 기계 따위의 어떤 부분에 쓰이는 물건 → ☐☐

2) 중심이 되는 부분 → ☐☐☐

3) 바깥 부분 → ☐☐

4) 건물의 윗부분 또는 상부 → ☐☐☐

5) 남에게 드러내고 싶지 않은 부끄러운 부분 → ☐☐

③ **알맞은 낱말을 찾아 문장을 완성하세요.**

1) 배가 저렇게 나오다니, ☐☐ 비만이야.

2) 실수로 로봇 속에 있는 ☐☐을 잃어버려서 로봇이 고장 났어.

3) 고기는 ☐☐ 별로 쓰임새가 달라.

4) 전국 ☐☐☐ 지역에 밤새 눈이 올 거래.

5) 우리나라 북쪽에 있는 ☐☐ 지방은 산이 많아.

4 문장에 어울리는 낱말을 골라 ○표 하세요.

1) 사물의 바깥 부분은 (내부/외부), 안쪽 부분은 (내부 / 외부)라고 해.

2) 사람들은 (대부분 / 대퇴부) 아이스크림을 좋아해.

3) 머리 부분은 (흉부 / 두부), 가슴 부분은 (흉부 / 두부)라고 해.

4) 자동차의 (세부 / 부품)이(가) 오래되어서 새 것으로 교체하기로 했어.

5) 우리 마을은 이 지역의 (중심부 / 부서)야.

5 그림을 보고, 알맞은 낱말을 연결하세요.

1)

2)

3)

●

●

●

●

●

●

| 일 | 부 |

| 대 | 부 | 분 |

| 전 | 부 |

6 그림을 보고, 알맞은 낱말을 연결하세요.

1)

2)
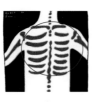

3)

●

●

●

●

●

●

| 세 | 부 |

| 흉 | 부 |

| 부 | 락 |

치부

일부

전부

대부분

외부

내부

상층부

상부

하층부

하부

부서

부장

부원

부락

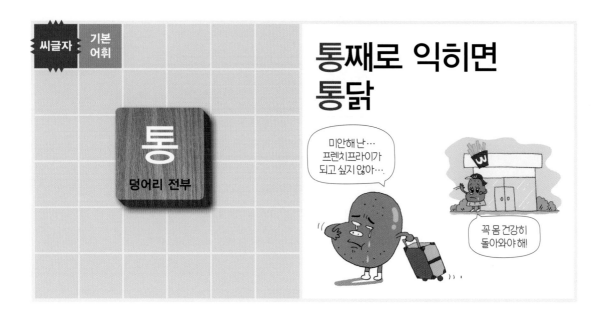

씨글자 | 기본 어휘

통째로 익히면 통닭

통
덩어리 전부

미안해난…
프렌치프라이가
되고 싶지않아….

꼭 몸 건강히
돌아와야해!

감자돌이처럼 자르지 않은 감자 그대로를 무엇이라고 할까요? (   )

① 감자전   ② 고구마   ③ 통감자   ④ 으깬 감자

이걸 틀리진 않았겠지요? 맞아요! 통감자예요. 통은 '가르거나 쪼개지 않은 덩어리 전부'를 말하는 거예요.

다음 빈칸을 채워 볼까요?

썰지 않은 고추는 ☐고추,

쪼개지 않은 마늘은 ☐마늘,

통째로 익힌 닭은 ☐닭,

통째로 말린 북어는 ☐북어.

오! 잘했어요.

걱정 마라!
통째로 익힐
테니~

내 몸에 칼을
대지 말라….

모두 통으로, 통째로란 뜻의 '통'이 낱말 앞에 붙었지요?

통유리는 백화점의 유리처럼 잇거나 자르지 않고 천장부터 바닥까지 하나로 된 유리를 말해요. 그럼 쪼개거나 켜지 않은 굵은 나무는 뭐라고 할까요? 나무가 통째로 있으니까 통나무라고 해요.

통-
덩어리 전부

■ **통으로, 통째로**
나누지 않은 전부 그대로

■ **통고추**
썰지 않은 고추

■ **통마늘**
쪼개지 않은 마늘

■ **통닭**
통째로 익힌 닭

■ **통북어**
찢거나 자르지 않고 통째로 말린 북어

■ **통유리**
잇거나 자르지 않고 천장부터 바닥까지 하나로 된 유리

■ **통나무**
쪼개거나 켜지 않은 굵은 나무

그럼 다음 중에서 통나무를 찾아볼까요? (　　)

① ② ③

■ **통구이**
돼지나 닭 등을 통째로 불에 굽는 것

■ **통뼈**
마치 아래팔뼈가 한 개의 굵은 뼈로 된 것처럼 힘이 세거나 배짱 있는 사람

정답은 ③번이에요. 통나무는 쓰임새가 많지만 요즘엔 특히 집 짓는 재료로 인기가 좋아요. 아, 통나무집에 놀러 가고 싶어요! 바비큐 파티도 하면 좋을 텐데요….

퀴즈! 다음 중 바비큐의 순우리말은 무엇일까요? (　　)

① 통구이　　② 통돌이　　③ 통 돌리기　　④ 통 굴리기

정답은 ①번이에요. 돼지나 닭을 통째로 불에 굽는 건 바로 통구이예요!
통뼈? 통뼈는 뼈가 갈라져 있지 않다는 말이에요. 팔꿈치부터 손목 사이에 있는 아래팔뼈는 원래 두 가닥이에요. 만일 이것이 한 개의 굵은 뼈로 되어 있다면 아주 단단하겠지요? 하지만 정말로 그런 사람은 없어요.
'통뼈'라는 말은 힘이 세거나 배짱이 있는 사람을 뜻하는 말일 뿐이에요.
통감자, 통나무, 통구이, 통뼈…. '통'은 이렇게 나누지 않은 한 덩어리를 가리킬 때만 쓰일까요? 아니에요! 이미 나눠진 걸 한데 묶거나 합할 때도 쓰이지요.
"연필, 공책, 지우개, 풀처럼 공부할 때 쓰는 물건을 통틀어서 학용품이라고 해요."
바로 이렇게 쓰일 때 통은 '모두', '한데'라는 뜻이에요.

나의 박치기에 끄떡없다니!

난 용가리 **통뼈**거든.

통-
모두, 한데

■ **통틀다**
한데 합침

통털다 (X)
먼지도 아닌데 털긴 뭘 털어? 이건 잘못된 표현이야. **통틀다**라고 해야 맞아.

자, 내 배에 새겨진 王 자를 봐!

이건 뱃살이 접혀서 그런 거잖아??

우리의 뭉치 군, 지금 대체 어딜 보여 주나요? (　　　)

① 두통　　　② 꼴통　　　③ 웃통　　　④ 치통

너무 쉬웠나요? 정답은 ③번 웃통이에요. 몸에서 허리 위의 부분을 통틀어 말할 때 웃통이라고 하지요. 통이 뒤로 와서 붙으면 어떤 부분을 통틀어 말하는 거예요.

어떤 부분일지 생각하면서 빈칸을 채워 볼까요?

근육이 불룩 나온 부분을 통틀어서 알☐,

팔다리를 제외한 가슴과 배 부분은

몸☐이라고 하죠.

바지통은 바짓가랑이의 둘레를 말하죠.

통은 둘레나 굵기를 뜻할 때도 있어요.

옷소매의 둘레는 소매통이라고 해요.

허리둘레는 허리☐, 다리둘레는 다리☐이에요.

바지통이 너무 크지 않니?

유행이잖아.

헤다 쓸고 다니네…

- 통

어떤 부분을 통틀어 부르는 말

■ 웃통
몸에서 허리 위의 부분을 통틀어 부르는 말

■ 알통
근육이 불룩 나온 부분을 통틀어 부르는 말

■ 몸통
팔다리를 제외한 가슴과 배 부분을 통틀어 부르는 말

- 통

둘레나 굵기

■ 바지통
바짓가랑이의 둘레

■ 소매통
소매의 둘레

■ 허리통
허리의 둘레

■ 다리통
다리의 둘레

🔔 이런 말도 있어요

하루 종일은 ☐종일, 우리가 살고 있는 세상 전부는 ☐누리! 빈칸에 들어갈 말은 '온'이에요. '전부'나 '모두'라는 뜻이지요. 피아노에서 도-레, 레-미 사이에 검은 건반이 있지요? 두 건반 사이에 검은 건반이 있을 때가 온음이에요. 하지만 미-파 사이엔 검은 건반이 없어요. 검은 건반이 없으니 음도 절반밖에 올라갈 수 없어서 온음의 절반, 즉 반음이에요.

마늘장아찌 맛있지 않냐? 냠냠

맛있다고 그걸 통째로 먹으면 어떡하냐?

쪽

조각

■ **쪽마늘, 마늘쪽**
통마늘에서 나온 마늘 조각 하나하나

■ **쪽지(紙**종이 지**)**
종잇조각

🔔 **육쪽마늘**
마늘이 모두 여섯 개라서 육(六 여섯 육) 쪽마늘이라고 해요.

쪽

작다

■ **쪽배**
쪼갠 나무의 속을 파서 만든 작은 배

■ **쪽문**
사람이 드나들 수 있는 작은 문

■ **쪽박**
작은 바가지

■ **쪽잠**
짧은 틈을 타서 자는 잠

■ **감쪽같다**
재빠르고 솜씨가 좋아 흔적이 없음

통마늘을 까면 안에 마늘들이 들어 있는 것은 쪽마늘이에요. 쪽은 '조각'이란 뜻이지요. 쪼개진 것의 한 부분을 말해요. '통'의 반대말이지요. 다음 빈칸을 채워 볼까요?

통마늘에서 나온 마늘 조각 하나하나는 쪽마늘 또는 마늘▢, 종잇조각은 ▢지예요.

그렇다면 쪽배는 배가 부서진 조각일까요? 설마! 쪽배는 나무를 쪼개어 속을 파서 만든 작은 배를 말해요. 쪽은 이렇게 '작다'라는 뜻도 가지고 있어요.

어떤 낱말들이 더 있는지 알아볼까요?

사람이 드나들 수 있는 작은 문은 ▢문, 작은 바가지는 ▢박, 짧은 틈을 타서 자는 잠은 ▢잠이에요!

감쪽같다의 '감쪽'도 작은 조각이란 뜻이에요. '감쪽같다'라는 말은, 곶감 조각이 너무 맛있어서 누가 먹을까 봐 흔적도 없이 빨리 먹어 치운다는 데서 유래했대요.

강력 접착제로 **감쪽같이**

그래서 재빠르고 솜씨가 좋아 남이 알아채지 못할 만큼 흔적이 없을 때 '감쪽같다'라고 하는 거예요.

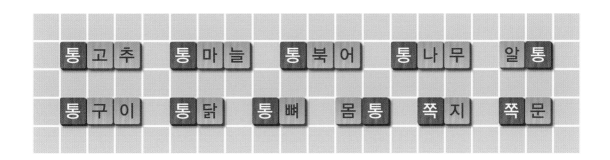

통고추 통마늘 통북어 통나무 알통
통구이 통닭 통뼈 몸통 쪽지 쪽문

씨글자
블록 맞추기

통 덩어리 전부

통으로 통째로
통고추
통마늘
통닭
통북어
통유리
통나무
통구이
통뼈
통틀다
웟통
알통
몸통
바지통

1 공통으로 들어갈 낱말을 쓰세요.

닭 / 뼈 —— 틀 다 —— [ ] —— 허 리 —— 웟 / 몸

덩어리 전부

2 어떤 낱말에 대한 설명인지 쓰세요.

1) 나누지 않은 전부 그대로 ➡ [ ][ ][ ]

2) 잇거나 자르지 않고 천장부터 바닥까지 하나로 된 유리 ➡ [ ][ ][ ]

3) 사람이 드나들 수 있는 작은 문 ➡ [ ][ ]

4) 한데 합침 ➡ [ ][ ][ ]

5) 종잇조각 ➡ [ ][ ]

3 알맞은 낱말을 찾아 문장을 완성하세요.

1) 운동을 열심히 했더니 팔에 [ ][ ]이 생겼어.

2) 메모하게 [ ][ ] 하나만 가지고 올래?

3) [ ][ ][ ]이 넓어서 바짓가랑이로 길바닥을 쓸고 다니네.

4) 저렇게 힘이 세다니, 아주 [ ][ ]로구나.

5) 너무 졸려서 쉬는 시간에 잠깐 [ ][ ]을 잤어.

4 문장에 어울리는 낱말을 골라 ○표 하세요.

1) (온종일 / 통으로) 게임만 하다가 엄마한테 혼났어.

2) (통마늘 / 쪽마늘)을 까면 (통마늘 / 쪽마늘)이 나와.

3) 연필, 공책, 지우개처럼 공부할 때 쓰는 물건을 (통틀어서 / 감쪽같이)
   학용품이라고 해.

4) 몰래 숨겨둔 비상금이 (통틀어서 / 감쪽같이) 사라졌어.

5) 장작을 만들려면 (통나무 / 통북어)를 쪼개야 해.

5 그림을 보고, 통나무를 찾으세요. (   )

①   ②   ③

6 '가르거나 쪼개지 않은 덩어리'를 뜻하는 낱말을 모두 골라 ○표 하세요.

통고추	통북어	통구이
통풍장	통나무	통장
통닭	통행료	통조림

소매통
허리통
다리통
온종일
온 누리
온음
쪽마늘 마늘쪽
쪽지
육쪽마늘
쪽배
쪽문
쪽박
쪽잠
감쪽같다

곧게 뻗어나가는 직사광선

직 사 광 선

슬퍼하지마, 너의 **직사광선**이 되어 줄게.

빛을 반사해서

"해수욕장은 직사광선 때문에 너무 뜨거워!"

해가 쨍쨍한 더운 여름날 찾아간 해수욕장은 태양에서 직접 내리쬐는 빛 때문에 피할 그늘이 하나 없어요. 이렇게 곧게 뻗어나가는 빛을 직사광선이라고 해요.

거울에는 내 모습이 비쳐 보이지요? 이는 빛의 반사하는 성질 때문이에요. 지금부터 빛의 여러 가지 성질을 나타내는 말들을 알아볼까요?

곧게 뻗어나가는 빛

태양이나 촛불, 전등처럼 스스로 빛을 내는 물체를 광원이라고 부르고, 광원에서 나오는 빛을 광선이라고 불러요. 눈에 보이지는 않지만 선처럼 도달한다는 뜻이겠지요? 또 빛을 내는 물체라는 뜻에서 발광체라고도 해요. 광원으로부터 빛이 나와서 물체에 닿는 것은 빛이 들어온다고 하여 입사, 물체에 닿은 빛이 되돌아 나오는 것은 방향이 바뀐다 하여 반사라고 해요. 투명한 물체에 닿은 빛은 그대로 물체를 통과해요. 이것을 투과라고 하지요.

전등 빛이 책에 닿는 빛은 입사광선,

直 射 光 線
곧을 직 | 쏠 사 | 빛 광 | 줄 선

정면으로 곧게 뻗는 빛

- **광원**(光 源근원 원)
  스스로 빛을 내는 물체
- **광선**(光 線)
  광원에서 나오는 빛
- **발광체**(發쏠 발 光 體몸 체)
  스스로 빛을 내는 물체
- **입사**(入들 입 射)
  빛이 다른 물체에 닿는 일
- **반사**(反되돌릴 반 射)
  뻗어가던 빛이나 파동이 물체에 부딪혀 반대로 방향을 바꿈
- **투과**(投던질 투 過지날 과)
  빛이 투명한 물체를 통과하는 현상

책에 닿은 빛이 되돌아 나오는 빛은 반사 광선이에요.
태양으로부터 나오는 태양 광선 중 눈으로 볼 수 있는 빛의 영역

을 가시광선이라고 하지요. 여러 가지 빛 중 우리가 볼 수 있는 빛은 아주 일부분이에요. 가시광선의 빨간색 빛 바깥쪽에 나오는 빛은 적외선, 보라색의 바깥에 나오는 빛은 자외선이라고 부르지요. 우리 눈에 보이지 않는 빛들이에요.

물체에 닿아 방향이 바뀌는 빛

곧게 뻗어나가던 빛은 거울처럼 매끈한 표면을 만나면 한 방향으로 나란하게 반사되지요. 빛이 일정한 방향으로 반사된다고 해서 정반사라고 해요. 또 책상이나 종이와 같이 울퉁불퉁 매끄럽지 않은 면에서는 빛이 여러 방향으로 반사되는데, 빛이 여러 방향으로 흩어진다고 하여 난반사라고 해요.
또 빛이 물체를 투과하여 지나갈 때, 진행 방향이 꺾이기도 해요. 방향이 꺾인다 하여 굴절이라고 하지요. 평행하게 나가던 빛이 배가 볼록한 볼록 렌즈를 만나면 빛이 꺾여서 한 점에 모이고, 배가 홀쭉한 오목 렌즈를 만나면 넓게 퍼져요.

■ **태양 광선**
(太클 태 陽볕 양 光線)
태양으로부터 나오는 전자기파

■ **가시광선**
(可 가능할 가 視볼 시 光線)
눈으로 볼 수 있는 빛

■ **적외선**
(赤붉을 적 外바깥 외 線)
붉은빛보다 파장이 길어서 눈에 보이지 않는 빛

■ **자외선**(紫자줏빛 자 外線)
보랏빛보다 파장이 짧아서 눈에 보이지 않는 빛

■ **정반사**(正바를 정 反射)
빛이 일정한 방향으로 반사됨

■ **난반사**(亂어지러울 난 反射)
빛이 여러 방향으로 흩어짐

■ **굴절**(屈 굽힐 굴 折꺾을 절)
뻗어나가던 빛이 물체에 부딪혀 방향이 꺾임

■ **볼록 렌즈**
빛을 모으는 성질의 렌즈

■ **오목 렌즈**
빛을 퍼지게 하는 성질의 렌즈

우리 주변에 자라고 있는 식물은 구분하는 방법이 아주 많아요.
꽃이 피는지 피지 않는지, 또는 나무인지 풀인지, 과일인지 채
소인지, 먹을 수 있는지 없는지 등 여러 분류 기준이 있지요.
식물의 특징을 알아보면서 식물 분류 기준을 알아보기로 해요.

떡잎부터 알아보는 식물 분류법

식물을 구분하는 방법 중 가장 쉬운 방법은 꽃을 피우는지 아닌
지로 나누는 거예요. 꽃을 피우면 꽃식물, 이끼나 미역처럼 꽃
을 피우지 않으면 민꽃식물이에요.
꽃이 피는 식물은 다시 속씨식물과 겉씨식물로 나눌 수 있어요.
봉선화, 장미같이 밑씨가 씨방 속에 싸여 있으면 속씨식물,
소나무같이 밑씨가 겉으로 드러나 있으면 겉씨식물이에요.
속씨식물은 또다시 떡잎의 수에 따라 둘로 나눌 수 있어요.
떡잎 수가 2장이면 둘이라는 의미로 쌍떡잎식물,
떡잎 수가 1장이면 하나라는 의미로 외떡잎식물이에요.
'될성부른 나무는 떡잎부터 알아본다'는 속담이 있지요. 처음 틔
운 작은 잎을 떡잎이라고 해요. 크게 자랄 나무는 떡잎부터 이

植 物 分 類
식물 만물 나눌 무리
식 물 분 류
식물을 다양한 기준으로 나누는 것

■ **식물**(植物 식 物)
공기, 흙, 물에서 영양분을 섭
취하여 살아가는 생물

■ **꽃식물**(植物)
꽃을 피우는 식물

■ **민꽃식물**(植物)
꽃을 피우는 않는 식물

■ **속씨식물**(植物)
밑씨가 씨방 안에 싸여 있는 꽃
식물

■ **겉씨식물** (植物)
밑씨가 씨방에 싸여 있지 않고
밖으로 드러나는 식물

■ **쌍떡잎식물**(植物)
떡잎이 두 개인 식물

■ **외떡잎식물**(植物)
떡잎이 한 개인 식물

미 건강해 보인다는 말이에요.

떡잎이 다르면 성장한 모습도 달라요. 자라난 모습을 보고 쌍떡잎인지 외떡잎인지 구분할 수 있답니다. 잎맥은 물과 양분이 지나가는 통로예요. 쌍떡잎식물에서는 이리저리 그물처럼 엉켜 있는 그물맥을, 외떡잎식물에서는 나란히 늘어서 있는 나란히맥을 볼 수 있어요.

땅속에 묻혀 있는 뿌리로도 식물을 분류할 수 있어요. 굵은 뿌리인 원뿌리에 가는 곁뿌리가 있는 봉선화와 강낭콩은 쌍떡잎식물, 길이와 굵기가 서로 비슷한 수염뿌리가 무성하게 자라나 있는 벼와 보리는 외떡잎식물이에요.

씨앗을 만드는 방법으로 식물 분류하기

밑씨가 씨방 속에 들어 있는 속씨식물은 씨를 품고 있는 통통한 주머니인 씨방이

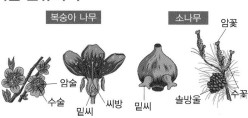

복숭아 나무 / 암술 / 수술 / 밑씨 / 씨방 / 소나무 / 암꽃 / 밑씨 / 솔방울 / 수꽃

라는 '작은 방 속'에서 밑씨가 자라는 거예요. 꿀을 따러 온 벌이 수술이 만드는 꽃가루를 몸에 묻혀 암술로 보내면 그 꽃가루가 밑씨와 만나 씨앗이 된답니다.

겉씨식물의 밑씨는 씨방에서 자라지 않고 암꽃에 붙어서 자라나요. 암꽃과 수꽃이 따로 피며 수정은 바람에 의해서 이뤄져요. 봄이 오면 소나무가 온 동네에 노란 꽃가루를 퍼뜨리는 이유가 바로 이 때문이랍니다.

■ **잎맥**(脈맥 맥)
물과 양분이 지나가는 통로

■ **그물맥**(脈)
이리저리 엉켜 있는 잎맥

■ **나란히맥**(脈)
나란히 늘어선 잎맥

■ **원**(元으뜸 원)**뿌리**
중심을 이루는 뿌리

■ **곁뿌리**
원뿌리에서 갈라져 나온 뿌리

■ **수염**(鬚수염 수 髥구렛나루 염)**뿌리**
수염처럼 많이 뻗어 나온 뿌리

■ **밑씨**
꽃가루와 수정하여 씨가 되는 부분

■ **씨방**(房방 방)
밑씨가 들어 있는 주머니

■ **수술**
꽃밥과 수술대로 이뤄진 식물의 생식 기관

■ **암술**
암술머리, 암술대, 씨방으로 이뤄진 식물의 생식 기관

외 / 쌍 떡 잎 / 잎 / 그 / 물 / 나 란 히 맥 / 곁 / 원 뿌 리 / 리 / 밑 씨 / 방 / 암 술 / 수

**씨낱말
블록 맞추기**

직 사 광 선

① 공통으로 들어갈 낱말을 쓰세요.

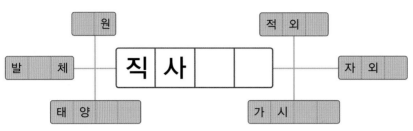

② 주어진 낱말을 넣어 문장을 완성하세요.

1) | 광 선 |
   | 원 |

   스스로 빛을 내는 물체는 ☐☐ , 광원에서 나오는 빛

   은 ☐☐ 이야.

2) | 입 |
   | 반 사 |

   빛이 장애물을 만나 되돌아 나오는 것은 ☐☐ , 빛이

   물체에 닿는 것은 ☐☐ 야.

3) | 가 |
   | 시 |
   | 태 양 광 선 |
   | 선 |

   태양으로부터 나오는 빛은 ☐☐☐☐ ,

   태양 광선 중 우리가 눈으로 볼 수 있는 빛의 영역

   은 ☐☐☐☐ 이라고 해.

4) | 오 |
   | 목 |
   | 볼 록 렌 즈 |
   | 즈 |

   빛이 ☐☐☐☐ 를 만나면 넓게 퍼지고,

   빛이 ☐☐☐☐ 를 만나면 한 점에 모여.

③ 문장에 어울리는 낱말을 골라 ○표 하세요.

1) 가운데가 오목한 렌즈는 (볼록 렌즈 / 오목 렌즈)야.

2) 매끈한 표면에서 일정한 방향으로 반사하는 것은 (정반사 / 난반사)이
   고, 매끄럽지 않은 표면에서 여러 방향으로 반사하는 것은 (정반사 / 난
   반사)야.

3) 유리처럼 투명한 물체에서는 빛이 (굴절 / 투과) 해.

| 직사광선 |
| 광원 |
| 광선 |
| 발광체 |
| 입사 |
| 반사 |
| 투과 |
| 태양 광선 |
| 가시광선 |
| 적외선 |
| 자외선 |
| 정반사 |
| 난반사 |
| 굴절 |
| 볼록 렌즈 |
| 오목 렌즈 |

1 설명을 보고, 알맞은 낱말을 쓰세요.

여러 가지 기준으로 식물을 구분하 → ☐☐☐☐
는 것

2 주어진 낱말을 넣어 문장을 완성하세요.

1)

	외	
쌍	떡	잎
	잎	

떡잎 수가 2장이면 ☐☐☐ 식물,

떡잎 수가 1장이면 ☐☐☐ 식물로 분류해.

2)

		그	
		물	
나	란	히	맥

외떡잎식물의 잎맥은 ☐☐☐☐이고,

쌍떡잎식물의 잎맥은 ☐☐☐이야.

3 문장에 어울리는 낱말을 골라 ○표 하세요.

1) 꽃을 피우는 식물은 (꽃식물 / 민꽃식물) 이야.

2) 벼와 보리는 (곁뿌리 / 수염뿌리)를 가지고 있어.

3) 될성부른 나무는 (떡잎 / 잎맥)부터 알아본다지!

4 예문에 어울리는 낱말을 써넣으세요. [과학]

식물을 구분하는 방법은 아주 많지만, 번식하는 방법에 따라 꽃이 피는
☐☐☐과 꽃이 피지 않는 ☐☐☐☐로 구분할 수 있
다. ☐☐☐은 밑씨의 위치에 따라 속씨식물과 겉씨식물로 나
눌 수 있고, 속씨식물은 싹이 틀 때 나오는 떡잎의 수에 따라 나눈다.
☐☐☐식물은 떡잎이 1장, ☐☐☐식물은 떡잎이 2장
이다.

식물 분류
식물
꽃식물
민꽃식물
속씨식물
겉씨식물
쌍떡잎식물
외떡잎식물
잎맥
그물맥
나란히맥
원뿌리
곁뿌리
수염뿌리
밑씨
씨방
수술
암술

우리가 만들어 가는 지방 자치!

가족의 일은 가족 회의로! 학급 일은 학급 회의로!
모두 구성원들의 의견을 모아서 결정해야 해요.
공동체의 구성원들이 자신들의 일을 스스로 결정하고 통치하는
것을 자치(自治)라고 해요. 우리나라는 지방 자치 제도를 운영
하고 있어요.
지방 자치는 지역의 일을 그 지방의 주민들이 스스로 결정한다
는 뜻이에요. 즉 우리 동네의 주인은 이 동네에 살고 있는 우리
자신이라는 말이지요. 물론 여러분도 주인이지요!

기초 자치 단체와 광역 자치 단체

우리가 살고 있는 지역에는 아주 많은 사람들이 살고 있어요.
이 많은 사람들이 모두 한곳에 모여 회의를 하고 의견을 모으기
란 정말 어려운 일이에요. 그래서 대부분의 나라는 주민의 뜻을
대신할 단체를 만들고 그 대표자를 투표로 뽑아요.
주민의 뜻을 대신하는 단체는 지방 자치 단체예요. 기초 자치 단
체라고도 하지요. 투표로 뽑는 사람은 '지방 자치 단체의 장'이에
요.

地	方	自	治
땅	모	스스로	다스릴
지	방	자	치

지방의 주민이 선출한 기관이
지방의 일을 결정하는 것

■ **통치**(統큰 줄기 통 治)
나라나 지역을 다스림
■ **자치**(自 治)
스스로 다스림
■ **지방 자치 단체**
(地方自治 團둥글 단 體몸 체)
지방 자치를 수행하는 기관
= 기초 자치 단체
■ **시장**(市 저자 시 長우두머리 장)
시를 다스리는 사람
■ **구청장**
(區 지경구 廳관청 청長)
구를 다스리는 사람
■ **군수**(郡고을 군 守지킬 수)
군을 다스리는 사람

116

시를 대표하는 사람은 시장, 구를 대표하는 사람은 구청장, 군을 대표하는 사람은 군수라고 해요.

도, 특별시, 광역시처럼 더 큰 범위의 행정 구역을 아우르는 기관은 광역 자치 단체라고 해요.

도를 대표하는 사람은 도지사,

특별시를 대표하는 사람은 특별 시장,

광역시를 대표하는 사람은 광역 시장이에요.

지방 자치 단체는 도로나 수도, 주민 생활의 일을 돌보지요.

지방 의회가 하는 일

의회는 중요한 일을 의논하고 결정하는 사람들이 모이는 자리예요. 지방 의회는 지역의 중요한 일을 의논하고 결정해요.

지방 자치 단체가 주민을 위해 직접 일을 하는 곳이라면, 지방 의회는 지방 자치 단체가 하려는 일을 최종적으로 잘되었는지 살펴보고 결정하는 일을 해요.

이 두 기관은 서로 큰 힘을 가지거나 자유롭게 행동하지 못하도록 감시하고 협동해요.

시, 군, 구를 대표하는 시 의회, 구 의회, 군 의회와 도, 특별시, 광역시를 대표하는 도 의회, 특별시 의회, 광역시 의회로 나뉘어요.

광역 자치 단체

(廣넓을 광 域지경 역 自治團體)
서울특별시와 광역시, 각 도를 다스리는 행정 기관과 의회

도지사

(道길 도 知알 지 事일 사)
도를 다스리는 사람

특별 시장

(特특별할 특 別나눌 별 市長)
서울특별시를 다스리는 사람

광역 시장(廣域市長)

광역시를 다스리는 사람

지방 의회

(地方 議의논할 의 會모일 회)
지방 자치 단체의 의결 기관

시 의회(市議會)

시의 의결 기관

구 의회(區議會)

구의 의결 기관

군 의회(郡議會)

군의 의결 기관

도 의회(道議會)

도의 의결 기관

특별시 의회(特別市議會)

특별시의 의결 기관

광역시 의회(廣域市議會)

광역시의 의결 기관

사람들이 모여드는
도시

씨낱말 | 교과 내 용어

도시는 도읍과 시장이란 뜻으로 사람들이 많이 모여 사는 일정한 지역을 말해요. 사람이 많이 있다 보니 사회적, 경제적, 정치적 활동의 중심지가 되었지요. 도시가 있다면 시골도 있어요. 시골을 의미하는 한자어는 촌(村)이에요. 촌락은 시골의 마을이지요. 촌은 원래 마을을 뜻하는 한자였는데, 시간이 지나면서 도시와 구별되는 시골이란 의미가 더 커졌답니다.

도시와 관련된 낱말

도시 중에서도 으뜸가는 큰 도시를 수도라고 하는데, 한 국가의 정부가 있는 곳이지요.

수도를 중심으로 이루어진 대도시권을 수도권이라 해요. 우리나라의 수도는 서울특별시이고, 그 주변의 경기도와 인천광역시는 수도권이지요.

지역이 넓고 인구가 많은 큰 도시는 대도시,

중간 정도나 작은 도시를 중소 도시로 구분해요.

대도시 주위에는 대도시의 기능을 분담하는 위성 도시와 신도시가 개발된답니다.

都 도읍 도 **市** 저자 시

도읍과 시장
사회 어떤 지역의 중심이 되는, 사람이 많이 사는 지역

■ **촌락**(村시골 촌 落마을 락)
시골 마을

■ **수도**(首머리 수 都)
도시 가운데 으뜸가는 큰 도시

■ **수도권**(首都 圈범위 권)
수도를 중심으로 이루어진 대도시권

■ **대도시**(大큰 대 都市)
지역이 넓고 인구가 많은 큰 도시

■ **중소 도시**
(中가운데 중 小작을 소 都市)
중간 정도나 작은 도시

■ **위성 도시**
(衛지킬 위 星별 성 都市)
대도시 주위에서 그 기능을 분담하는 도시

신도시는 대도시 근처에 계획적으로 개
발한 새로운 도시를 말해요.
최근에는 도시가 아닌 지역들이 도시로
변화하는 도시화가 되면서 여러 도시
문제들이 나타나기도 해요.
도시에 사람이 몰리다 보니 집값은 비
싸지고, 각종 공해 문제로 도심을 피해 도시 밖으로 인구가 이
동하면서 도심이 텅 비는 도심 공동화 현상도 생겼지요.

마을을 이루는 촌

'촌(村)' 자 붙는 말은 대개 마을을 뜻하는데, 앞에 나오는 낱말
에 따라 어떤 성격의 동네인지 금방 알 수 있답니다.
우선 땅의 모양과 자연환경에 따라 촌락의 이름을 구분해서 불
러볼까요?
농사를 짓은 마을은 농☐이고,
고기잡이 하는 사람들이 모여 살면 어☐이에요.
산속에 있어 산☐, 강가에 있어 강☐이지요.
지구촌은 지구 전체를 하나의 마을로 여겨 이르는 말이에요.
어떤 사람들이 모여 사느냐에 따라서도 마을 이름이 달라져요.
같은 성씨를 가진 사람들끼리 모여 사는 마을은 집성촌이라 하
고, 부자가 많이 사는 마을은 부촌이라고 해요.
가난한 사람들이 모여 사는 마을은 빈민촌, 옛 민속을 보존한
마을은 민속촌이죠.

■ **신도시**(新새 신 都市)
대도시 근처에 계획적으로
개발한 새로운 도시
■ **도시화**(都市 化될 화)
도시로 변화함
■ **도시 문제**(都市 問물을 문
題제목 제)
■ **도심 공동화**(都心 가운데 심
空빌 공 洞골 동 化)
도심이 텅 빔
■ **농촌**(農농사 농 村마을 촌)
■ **어촌**(漁고기 잡을 어 村)
■ **산촌**(山뫼 산 村)
■ **강촌**(江강 강 村)
■ **지구촌**(地땅 지 球공 구 村)
지구 전체를 하나의 마을로 여
겨 이르는 말
■ **집성촌**(集모을 집 姓성씨 성
村)
같은 성씨를 가진 사람들끼리
모여 사는 마을
■ **부촌**(富부유할 부 村)
■ **빈민촌**(貧가난할 빈 民백성 민
村)
가난한 사람들이 사는 마을
■ **민속촌**(民 俗풍속 속 村)
옛 민속을 보존한 마을

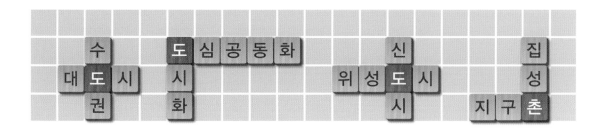

씨낱말
블록 맞추기

지 방 자 치

1 설명을 보고, 알맞은 낱말을 쓰세요.

지방의 주민이 선출한 기관이
지방의 일을 결정하는 것 → ☐ ☐ ☐ ☐

2 주어진 낱말을 넣어 문장을 완성하세요.

1)
통	
자	치

나라나 지역을 다스리는 것은 ☐ ☐ ,
스스로 다스리는 것은 ☐ ☐ 야.

2)
	구
	청
시	장

구를 대표하는 사람은 ☐ ☐ ☐ ,
시를 대표하는 사람은 ☐ ☐ 이야.

3)
	도	
시	의	회
	회	

☐ ☐ ☐ 에서는 각 도의 일을 잘하고 있는지 살
펴보는 일을 하고, ☐ ☐ ☐ 에서는 각 시의 일을
잘하고 있는지 살펴보는 일을 해.

4)
지	방	자	치	단	체
방					
의					
회					

☐ ☐ ☐ ☐ ☐ ☐ 와
☐ ☐ ☐ 는 서로 감시하고
협동하면서 주민들을 위한 일을 고민하는
곳이야.

3 문장에 어울리는 낱말을 골라 ○표 하세요.

1) 이번에 우리 도의 (군수 / 도지사)를 뽑는 선거가 열린대.

2) (지방 의회 / 지방 자치 단체의 장)은(는) 지방 자치 단체가 일을 잘하고
있는지 감시하는 역할을 해.

3) 구의 의결 기관은 (군 의회 / 구 의회)야.

지방 자치

통치

자치

지방 자치 단체

기초 자치 단체

시장

구청장

군수

광역 자치 단체

도지사

특별 시장

광역 시장

지방 의회

시 의회

구 의회

군 의회

도 의회

특별시 의회

광역시 의회

씨낱말
블록 맞추기

도 시

1 공통으로 들어갈 낱말을 쓰세요.

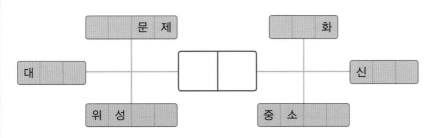

| 도시 |
| 촌락 |
| 수도 |
| 수도권 |
| 대도시 |
| 중소 도시 |
| 위성 도시 |
| 신도시 |
| 도시화 |
| 도시 문제 |
| 도심 공동화 |
| 농촌 |
| 어촌 |
| 산촌 |
| 강촌 |
| 지구촌 |
| 집성촌 |
| 부촌 |
| 빈민촌 |
| 민속촌 |

2 주어진 낱말을 넣어 문장을 완성하세요.

1)
	대
수	도
	시

도시 가운데 으뜸가는 큰 도시는 ☐☐로 한 국가의 정부가 있는 곳을 말하고, 지역이 넓고 인구가 많은 큰 도시는 ☐☐☐이다.

2)
	어
농	촌

농사를 짓는 마을은 ☐☐, 고기잡이 하는 사람들이 모여 사는 마을은 ☐☐이다.

3)
		집
		성
지	구	촌

같은 성씨를 가진 사람들끼리 모여 사는 마을은 ☐ ☐☐, 지구 전체를 하나의 마을이라는 뜻으로 ☐☐☐이라 한다.

3 문장에 어울리는 낱말을 골라 ○표 하세요.

1) 우리나라의 (수도 / 수두)는 서울특별시야.
2) 우리나라의 (신도시 / 수도권)은(는) 서울을 중심으로 이루어진 대도시권을 말해.
3) (위성 도시 / 인공위성)은(는) 대도시 주위에서 그 기능을 분담해.
4) 현대 도시들은 (지구촌 / 도시 문제)이(가) 심각해 각종 공해와 주택난에 허덕이고 있어.
5) 우리 민속을 외국 친구에게 알려 주기 위해 (민속촌 / 신앙촌)에 갔어.

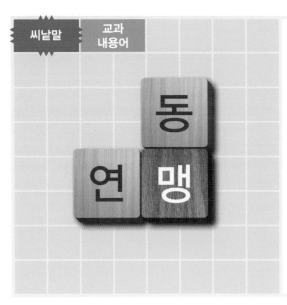

너랑 나는 오늘부터 연맹이야!

"뭉치면 살고 흩어지면 죽는다!" 어려운 일도 누군가와 함께하면 잘해 낼 수 있다는 말이에요.

서로 힘을 연결해 하나로 모으기로 약속하는 것을 연맹이라고 해요. 연맹은 '잇닿는다'는 뜻의 연(聯)과 '약속한다'는 뜻의 맹(盟)이 합쳐진 낱말이에요.

비슷한 말로 여럿이 한 가지 같은 목적을 갖고 함께하기로 약속하는 뜻의 동맹이 있어요.

옛날부터 우리 선조들은 어려운 일을 해결하기 위해 연맹이나 동맹을 맺고 힘을 모았어요.

삼국 시대의 연맹과 동맹

우리 민족은 초기에는 여러 부족들이 힘을 합쳐 연맹을 이루어 국가로 발전했는데 이를 연맹 왕국이라고 해요.

대표적인 연맹 왕국은 금관가야와 대가야 등 6개의 부족으로 구성된 가야 연맹이에요. 고구려가 국가의 모습을 갖추기 전에는 5개의 부족이 5부족 연맹체를 이루어 나랏일을 했어요.

聯	盟
잇닿을 연	맹세할 맹

서로 힘을 연결해 하나로 모으기로 약속함

■ **동맹**(同같을 동 盟)
여럿이 한 가지 목적을 갖고 함께하기로 약속함

■ **연맹 왕국**
(聯盟 王임금 왕 國나라 국)
여러 부족이 하나의 맹주국을 중심으로 연맹체를 이룬 국가

■ **가야 연맹**
(伽절가 倻땅이름 야 聯盟)
기원 전후 낙동강 하류에 세워진 6개의 부족 국가

■ **5부족 연맹체**
(五다섯 오 附붙을 부 族겨레 족 聯盟 體몸 체)
고구려 초기 연맹 국가를 이루는 5개의 부족

122

이 연맹의 힘을 기반으로 점차 나라를 안정시켜 강력한 왕권을 지닌 고구려가 되었답니다.

가야 연맹은 연맹국가!

신라와 백제는 점점 고구려의 힘이 커지는 것이 두려워 동맹을 맺었지요. 신라의 '라'와 백제의 '제' 두 글자를 따서 나(라)제 동맹을 맺었어요. 고구려와 백제도 점점 힘을 키워 가던 신라와 당나라를 견제하기 위해 여제 동맹을 맺었어요. 신라와 당의 나당 연합군이 결국 백제와 고구려를 쓰러뜨리고 삼국 통일을 이뤄 냈지요.

2차 세계 대전의 동맹

삼국 시대를 지나 현대의 역사를 살펴볼까요? 두 개 이상의 국가가 서로 연합하여 구성한 군대를 연합군이라고 하고, 참여한 나라들을 연합국이라고 하지요.

2차 세계 대전이 끝난 뒤에는 이런 끔찍한 전쟁을 되풀이하지 않기 위해 연합국을 중심으로 UN을 만들었어요.

연합군을 기초로 만든 것이 오늘날의 유엔군(UN군)이에요. 유엔은 전쟁 방지와 평화 유지를 위해 국가 간의 분쟁을 조정하는 역할을 해요. 이렇게 오늘날 국가 간의 동맹은 싸움이 아니라 평화를 지키기 위해 맺어지고 이어져 오고 있답니다.

■ **나제 동맹**
(羅벌일 나 濟도울 제 同盟)
5세기 중엽부터 신라와 백제가 고구려를 견제하기 위해 맺은 동맹

■ **여제 동맹**
(麗고울 여 濟同盟)
642년을 전후하여 고구려와 백제가 신라를 누르기 위해 맺은 동맹

■ **나당 연합군**
(羅 唐당나라 당 聯 合할 합 軍군사 군)
660년 신라와 당나라가 백제를 정벌하기 위해 맺은 동맹

■ **연합군**(聯合軍)
둘 이상의 국가가 연합하여 구성한 군대

■ **연합국**(聯合國)
공통의 목적을 위해 연합한 나라

■ **유엔군**(UN軍)
국제연합(UN) 회원국들의 군 병력으로 구성된 군대

천리장성은 장성

너의 성과 궁궐을 파괴하러 왔다!

안 돼!

성(城)은 본래 문과 탑, 두터운 담으로 이루어진 큰 건물을 말해요. 적의 공격을 막기 위해 도시를 둘러싼 큰 담을 쌓은 거죠. 장성은 길게 쌓은 성벽, 산성은 산 위에 쌓아 올린 성벽이에요. 왕이 사는 곳은 궁궐이에요. 외적을 막는 성 안에 왕이 사는 궁궐이 있는 거예요.

삼국 시대와 고려 시대의 성

흙으로 쌓아 올린 성은 토성이라고 해요. 서울에는 백제가 건국 초기에 만든 몽촌 토성이 있어요.
사비성은 백제의 마지막 성이고요.
안시성은 고구려를 방어하는 군사적으로 중요한 성이에요. 당나라 태종이 이끄는 10만 대군을 막아 낸 '안시성 싸움'이 벌어진 곳이죠.
대야성은 백제의 침공을 막기 위해 신라가 세운 성이고,
남산 신성은 경주 남산에 쌓은 신라의 성이에요.

長 길 장	城 성 성
길게 쌓은 성벽	

■ **산성**(山뫼 산 城)
산 위에 산을 따라 쌓아 올린 성

■ **성**(城)
적을 막기 위해 높이 쌓은 담이나 튼튼하게 지은 건물

■ **궁궐**(宮집 궁 闕대궐 궐)
임금이 사는 곳

■ **토성**(土흙 토 城)
흙으로 쌓아 올린 성

■ **몽촌 토성**
(夢꿈 몽 村마을 촌 土城)
백제가 건국 초기에 만든 성

■ **사비성**
(泗물 이름 사 沘강 이름 비 城)
백제의 마지막 수도

124

천리장성은 고려 시대에 압록강에서 동해안에 이르는 돌로 쌓은 1천여 리의 성이에요. 당시 거란족과 여진족이 침입을 막아 냈지요.

동북 9성은 고려 때 윤관이 별무반을 이끌고 여진족을 몰아낸 후 세운 아홉 개의 성을 말해요.

조선 시대의 궁궐들

궁궐은 나라와 운명을 함께하는 중요한 장소예요. 비교적 잘 보존되어 있는 조선 시대 궁궐의 이름을 알아봐요.

경복궁은 '큰 복을 누리라'는 뜻을 가졌는데, 조선을 세운 태조 이성계가 수도를 개성에서 서울인 한양으로 옮기고 만들었지요.

창덕궁은 태종이 세운 궁궐이에요. 임진왜란 때 경복궁이 불 타 없어진 이후로 가장 오래 사용됐어요.

창경궁은 세종 대왕 때 만들었는데 훗날 일본인들에 의해 창경원이라는 이름의 동물원으로 격하 당한 아픈 과거가 있어요.

경희궁은 나라에 난이 생기면 이를 피해 왕이 잠시 머무르는 곳으로 광해군 때 만들어졌지요. 이후 궁궐로 중요한 역할을 담당했답니다.

안시성
(安편안할 안 市저자 시 城)
고구려를 방어하는 중요한 성

대야성
(大큰 대 耶어조사 야 城)
백제의 침공을 막기 위하여 만든 신라의 성

남산 신성
(南남쪽 남 山 新새로울 신 城)
경주 남산에 돌로 쌓은 신라의 성

천리장성
(千일천 천 里거리 리 長城)
돌로 쌓은 1천여 리의 성

동북 9성
(東동녘 동 北북녘 북 九아홉 구 城)
고려 시대 윤관이 세운 9개의 성

경복궁(景클 경 福복 복 宮)
태조 이성계가 만든 궁궐

창덕궁(昌창성할 창 德덕 덕 宮)
나랏일을 보던 궁궐

창경궁(昌 慶경사 경 宮)
세종 대왕 때 만든 궁궐

경희궁(慶경사 경 熙빛날 희 宮)
광해군 때 만든 궁궐

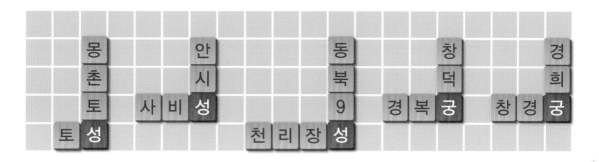

씨낱말
블록 맞추기

동
연 맹

1 설명을 보고, 알맞은 낱말을 쓰세요.

연맹

1) 서로 힘을 연결해 하나로 모으기로 약속하는 것 → ☐☐

동맹

2) 여럿이 한 가지 목적을 갖고 함께하기로 약속하는 것 → ☐☐

연맹 왕국

2 주어진 낱말을 넣어 문장을 완성하세요.

1)
가		
야		
연	맹	왕	국
맹		

여러 부족들이 힘을 합쳐 연맹을 이루어 국가로 발전한 ☐☐☐☐ 중 금관가야, 대가야 등으로 이루어진 ☐☐☐☐이 대표적이야.

가야 연맹

2)
연	합	군
합		
국		

두 개 이상의 국가가 서로 연합하여 구성한 군대는 ☐☐☐, 참여한 나라들은 ☐☐☐이라고 해.

5부족 연맹체

3 문장에 어울리는 낱말을 골라 ○표 하세요.

1) 신라와 당나라가 맺은 연합군은 (나당 연합군 / 나제 동맹)이라고 불렀어.

2) 고구려는 국가의 모습을 갖추기 전에 (5부족 연맹체 / 가야 연맹)을(를) 이루었어.

나제 동맹

여제 동맹

4 예문에 어울리는 낱말을 써넣으세요. [한국사]

433년 고구려는 광개토 대왕과 장수왕을 거치며 동아시아의 강대국으로 성장했다. 고구려의 막강한 영토 확장과 강력한 정복 정책으로 위기에 몰린 신라와 백제는 고구려를 막아내기 위해 ☐☐☐☐을 맺었다.

나당 연합국

연합군

연합국

유엔군

126

1 공통으로 들어갈 낱말을 쓰세요.

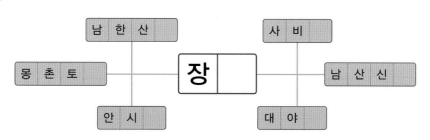

장성
산성
성
궁궐
토성
몽촌 토성
사비성
안시성
대야성
남산 신성
천리장성
동북 9성
경복궁
창덕궁
창경궁
경희궁

2 주어진 낱말을 넣어 문장을 완성하세요.

1)

	안
	시
사	비	성

안시성 싸움이 벌어진 고구려의 성은 ☐☐☐ ,
백제의 마지막 수도는 ☐☐☐ 이야.

2)

	창
	덕
경	복	궁

태조 이성계가 세운 조선의 첫 번째 궁궐은 ☐☐
☐ 이고, 임진왜란 당시 경복궁이 화재로 소실된 이
후 가장 오래 사용된 궁궐은 ☐☐☐ 이야.

3)

	창
	경
경	희	궁

일제 강점기 당시 일본인들에 의해 창경원이라는 이름
의 동물원으로 격하 당했던 궁궐은 ☐☐☐ 이
고, 광해군 때 만들어져 나라에 난을 피해 왕이 머무르
던 궁궐은 ☐☐☐ 이야.

3 문장에 어울리는 낱말을 골라 ○표 하세요.

1) 고려 시대에 외적의 침입을 막기 위해 돌로 1천 리를 쌓아 만든 성은 (천
리장성 / 사비성)이야.

2) 백제 초기의 토성은 (사비성 / 몽촌 토성)이야.

3) 외적을 막기 위해 높이 담을 세우는 것은 (성 / 궁궐)이야.

4) 길게 쌓은 성벽은 (산성 / 장성)이라고 해.

예리한 각은 예각, 둔한 각은 둔각

우리 건 예각이고 네 건 둔각이잖아?

그럼 너희가 계산할래?

각(角)은 한 점에서 그은 두 반직선으로 이루어진 도형을 말하지요. 두 직선이 한 점에서 만나지 않으면 각이 아니에요. 삼각자의 모서리 부분은 각이 될 수 있지요. 반면에 둥근 접시는 뾰족한 부분이 없어 각이 없어요. 각의 두 변이 한 점을 기준으로 벌어진 정도를 각도라고 하지요.

각의 두 변이 벌어진 정도가 클수록 "각도가 크다."라고 해요. 각도가 작으면 각이 예리해져서 예각, 각도가 크면 각이 둔해져 둔각이라고 해요.

각의 크기에 따라 달라지는 도형의 이름

각은 크기에 따라 세 종류로 나눌 수 있어요.
두 직선이 만나서 이루는 각이 90°일 때 직□,
수학에서는 90°보다 작은 각을 예□이라고 하고,
90°보다 크고 180°보다 작은 각을 둔□이라고 해요.
또 이렇게 각의 크기에 따라 삼각형의 이름이 달라진답니다.
한 각이 직각인 삼각형을 직각 삼각형, 그중 직각을 끼고 있는 두 변의 길이가 같은 삼각형은 직각 이등변 삼각형이에요.

銳 날카로울 예 | **角** 뿔 각

예리한 각
수학 직각보다 작은 각

둔각(鈍무딜 둔 角)
직각보다 크고 180°보다 작은 각

각(角)
면이 만나 이루는 모서리

각도(角 度정도 도)
각의 크기

직각(直곧을 직 角)
두 직선이 만나 이루는 90°의 각

직각 삼각형
(直角 三셋삼 角 形모양 형)
한 각이 직각인 삼각형

직각 이등변 삼각형
(直角 二둘 이 等가지런할 등 邊가장자리 변 三角形)
직각을 이루는 두 선분의 길이가 같은 삼각형

세 각이 모두 90°보다 작으면 예각 삼각형,

한 각이 90°보다 크고 180°보다 작으면 둔각 삼각형이에요.

만나는 직선에 따라 다른 각 이름

직선과 직선이 만나면 각이 생기고, 두 직선이 만나 서로 마주 볼
때도 각이 생겨요. 이때 마주 보는 각을 맞꼭지각이라고 해요.
평행선과 한 직선이 만나면 비슷한 크기의 각이 생겨요.
한 직선을 두고 같은 위치에 있는 각은 동위□이라고 하고,
엇갈리게 위치한 두 각은 엇□이에요.
3개 이상의 선분으로 둘러싸인 도형을 다각형이라고 하지요.
다각형 안에는 변의 개수만큼 각이 만들어져요. 삼각형 안에는
3개, 사각형 안에는 4개, 오각형 안에는 5개, 이렇게 다각형
안쪽에 있는 각을 내각이라고 해요. 또 다각형의 어느 한 변과
그 이웃한 변이 이루는 각을 외각이라고 하지요.

■ **예각 삼각형**(銳角三角形)
세 각이 모두 예각인 삼각형

■ **둔각 삼각형**(鈍角三角形)
내각 중 하나가 둔각인 삼각형

■ **맞꼭지각**(角)
서로 마주 보는 각

■ **동위각**
(同같을 동 位자리 위 角)
하나의 직선을 가운데 두고 같
은 편에 위치하는 각

■ **엇각**(角)
서로 어긋나게 위치하는 각

■ **내각**(內안 내 角)
다각형 안에서 인접한 두 변이
만드는 모든 각

■ **외각** (外바깥 외 角)
다각형의 어느 한 변을 늘여서
늘어난 변과 그 이웃한 변의 연
장선이 이루는 각

서양 음악과 국악이 만났어

까오! 최악의 연주야! 이건 **서양 음악**도 아니고 **국악**도 아니야.

서양 음악을 생각하면 클래식 음악이 떠올라요.

서양에 전통 음악인 클래식 음악이 있다면 우리에게는 우리 민족의 정신과 조상들의 삶이 담긴 국악이 있지요.

옛날 음악은 너무 지루해 보인다고요? 하지만 우리가 즐겨 듣는 댄스 음악도 전통 음악을 바탕으로 만들어진 것이랍니다.

서양 음악의 갈래

클래식 음악 중 가장 대표적인 것이 오케스트라예요. 플루트, 트럼펫 같은 관악기와 바이올린, 첼로 등의 현악기와 팀파니 같은 타악기가 한데 어우러지는 합주 음악으로 관현악이라고도 해요.

또 악기를 사용하여 연주하는 것은 기악, 사람의 목소리로 노래하는 것은 성악이에요.

악기 하나를 단독으로 연주하는 것은 독주, 여러 악기가 함께 연주하는 것은 합주예요.

합주는 악기의 수에 따라 2중주, 3중주, 4중주 등이 있어요.

성악은 가수의 노래가 중심이 되는 음악이라서 소리 성(聲) 자를 쓰는데요. 노래하는 사람의 수에 따라 분류할 수 있지요.

西	洋	音	樂
서녘	바다	소리	풍류
서	양	음	악

오페라, 오케스트라, 실내악 등
서양의 음악=클래식 음악

■ **국악**(國 나라 국 樂)
우리나라 음악

■ **관현악**
(管 피리 관 絃 악기줄 현 樂)
관악기, 현악기, 타악기가 함께 연주하는 합주 음악
=오케스트라

■ **기악**(器 그릇 기 樂)
악기로 소리 내는 음악

■ **독주**(獨 홀로 독 奏 아뢸 주)
하나의 악기로만 하는 연주

■ **합주**(合 합할 합 奏)
둘 이상의 악기로 함께하는 연주

■ **성악**(聲 소리 성 樂)
사람의 목소리로 노래하는 것

혼자 노래를 부르면 독창, 여럿이 부르면 제창, 화음을 넣어 부르면 중창이라고 한답니다.

여기에 관현악이 가담하면 오페라가 되는 것이지요.

국악의 갈래

국악은 정악과 민속악으로 나뉘어요.

음악을 뜻하는 악(樂) 자가 붙어요.

궁중과 양반가에서 연주되던 음악은 정악이에요.

대표적으로 제사에 연주되는 음악인 제례악이 있어요.

제례악은 왕과 왕비 제사에 연주되던 종묘 제례악,

공자를 모신 사당에서 제사에 쓰이던 문묘 제례악으로 나뉘어요. 제사에 쓰이는 음악이라 느리고 위엄이 있어요.

조선 시대 선비들이 즐긴 음악은 방중악이에요. 방에서 거문고나 가야금에 맞춰 "태산이 높다하되"와 같은 시조를 음악에 맞춰 불렀답니다.

민속악은 민중이 만들고 창작하고 즐기던 음악이에요. 작사자나 작곡자 없이 전해지며 민중들의 삶이 담겨 있는 민요가 있어요. 아리랑, 군밤타령이 대표적인 민요예요. 또 무당이 굿을 할 때 부르는 노래와 반주로 무악이 있어요.

■ **독창**(獨 ^{홀로 독} 唱^{노래 창})

■ **제창**(齊^{모두 제} 唱)
여럿이 부르는 노래

■ **중창**(重^{무거울 중} 唱)
두 사람 이상이 화음을 맞춰 부르는 노래

■ **정악**(正^{바를 정} 樂)
국악 가운데 궁중을 비롯한 상류층의 음악

■ **제례악**(祭^{제사 제} 禮^{예도 례} 樂)
제사에 쓰이던 음악

■ **종묘 제례악**
(宗^{마루 종} 廟^{사당 묘} 祭禮樂)
임금의 제사에 쓰이던 음악

■ **문묘 제례악**
(文^{글월 문} 廟祭禮樂)
공자와 그의 제자들의 제사에 쓰이던 음악

■ **방중악**(房^{방 방} 中^{가운데 중} 樂)
선비들이 방 안에서 즐기던 음악

■ **민속악**(民^{백성 민} 俗^{풍속 속} 樂)
옛날부터 민중이 만들고 창작하여 즐기던 음악

■ **민요**(民 謠^{노래 요})
민중들의 삶이 담겨 있는 노래

■ **무악**(巫^{무당 무} 樂)
굿을 할 때 연주하는 음악

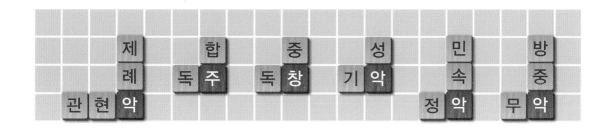

 씨낱말
블록 맞추기

1 공통으로 들어갈 낱말을 쓰세요.

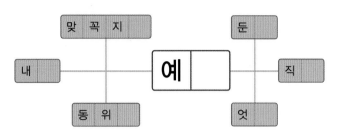

맞꼭지 둔
내 **예** 직
동위 엇

예각
둔각
각
각도
직각
직각 삼각형
직각 이등변 삼각형
예각 삼각형
둔각 삼각형
맞꼭지각
엇각
동위각
내각
외각

2 주어진 낱말을 넣어 문장을 완성하세요.

1) 직각
도

두 직선인 수직선과 수평선이 만나서 90°를 이루는

□□ 는 □□ 이라고 불러.

2) 둔
예 각 삼 각 형
삼
각
형

세 각이 모두 90°보다 작은 삼각형은 □

□ □ □ □ , 한 각이 90°보다 크

고 180°보다 작은 삼각형은 □ □ □

□ □ 이야.

3 문장에 어울리는 낱말을 골라 ○표 하세요.

1) 다각형의 안쪽에 있는 각은 (내각 / 외각)이야.

2) 한 직선을 두고 엇갈리게 위치한 각은 (맞꼭지각 / 엇각)이야.

4 예문에 어울리는 낱말을 써넣으세요. [수학]

한 점에서 그은 두 반직선으로 이루어진 도형을 □ 이라고 한다. 각
의 크기는 각의 두 변이 벌어진 정도를 말하고, 이것을 □ □ 라고
부른다. 두 직선이 이루는 각이 90°일 때, 이 각도를 □ □ 이라고
한다.

132

1 공통으로 들어갈 낱말을 쓰세요.

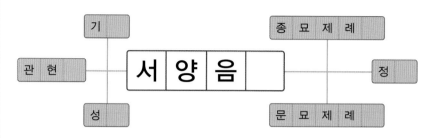

서양 음악	
클래식 음악	
국악	
관현악	
오케스트라	
기악	
독주	
합주	
성악	
독창	
제창	
중창	
정악	
제례악	
종묘 제례악	
문묘 제례악	
방중악	
민속악	
민요	
무악	

2 주어진 낱말을 넣어 문장을 완성하세요.

1) 민
   속
   정 악

   국악 중 궁중과 양반가에서 연주되던 음악은 ☐☐ ,
   민중이 만들고 창작하고 즐기던 음악은 ☐☐☐
   이야.

2) 합
   독 주

   이 곡은 여러 악기가 다 함께 ☐☐ 를 하다가 바이올
   린 ☐☐ 가 나오는 음악이야.

3) 관
   현
   성 악

   오페라는 관악기, 현악기, 타악기가 함께 연주하는 ☐
   ☐☐ 에 사람의 목소리로 노래를 부르는 ☐☐ 이
   어우러지는 음악극이야.

3 문장에 어울리는 낱말을 골라 ○표 하세요.

1) 혼자서 부르는 노래는 (독창 / 중창)이야.

2) 관악기, 현악기, 타악기가 함께하는 (관현악 / 정악)은 오케스트라라고
   도 불러.

3) 조선 시대 선비들이 부르던 노래는 (문묘 제례악 / 방중악)이야.

		1)					5)		6)			8)		
2)				3)					7)					
				4)									15)	
								9)						
		12)			10)	11)								
13)										16)				
14)											17)	18)		

정답 | 143쪽

🔑 가로 열쇠

2) 심장 같은 흉부의 장기에 생기는 병을 담당하는 외과
4) 뻗어가던 빛이나 파동이 물체에 부딪혀 반대로 방향을 바꿈
5) 종잇조각. ○○
7) 선비들이 즐기던, 방 안에서 조용히 연주하는 음악
9) 남에게 드러내고 싶지 않은 부끄러운 부분
   신체의 어떤 부분일 수도 있고, 과거에 자기가 잘못했던 일
10) 스스로 빛을 내는 물체
13) 남을 속이려고 꾀를 내는 것
14) 식물을 다양한 기준으로 나누는 것
16) 부차적으로 생기는 물건
17) 길게 쌓은 성벽

🔑 세로 열쇠

1) 절반을 훨씬 넘는 큰 부분
3) 절반이 넘는 수
6) 지방 자치를 수행하는 기관
8) 우리 민족의 정신과 조상들의 삶의 모습이 담겨 있는
   전통 음악
11) 광역시를 다스리는 사람
12) 남에게 준 것을 거두어들임
13) 밑씨가 씨방 안에 싸여 있는 꽃식물
15) 한 개의 떡잎만이 나는 식물
16) 반장을 도와 반을 이끄는 사람
18) 사람의 목소리로 소리 내는 음악

1 둘의 관계가 다른 하나는? (   )   국어능력인증시험형

① 귀환 : 회귀   ② 오해 : 착각   ③ 중시 : 경시

④ 환불 : 환급   ⑤ 회생 : 환생

2 밑줄 친 부분을 가장 적절한 한자어로 대체한 것은? (   )   국어능력인증시험형

① 밖에서 식사하는 게 이제는 지겹다. → 外套(외투)

② 백성의 마음이 곧 하늘의 마음이다. → 天心(천심)

③ 가장 한국적인 방식이 가장 세계적인 방식이다. → 韓國式(한국식)

④ 뜻을 같이하는 사람끼리 너무하는 거 아닙니까. → 同甲(동갑)

⑤ 다른 나라에 영향을 크게 미칠수록 겸손할 줄 알아야 한다. → 弱小國(약소국)

3 밑줄 친 낱말의 뜻이 바르지 않은 것은? (   )   국어능력인증시험형

① 농구 선수들은 거의 장신이다. → 큰 키

② 여름 방학 때 외가에 가서 놀다 왔다. → 아빠 쪽 집안

③ 모국어로 자유롭게 말하고 들을 수 있다니. → 자기 나라 말

④ 실향민의 고통은 이루 말로 표현하기 어렵다. → 고향을 잃고 다른 고장에서 사는 사람

⑤ 엄마와 아빠가 부부 동반 외출 준비에 한창이다. → 같이 짝을 이루다

4 괄호 안의 한자가 바르지 않은 것은? (   )   KBS 한국어능력시험형

① 조국(國)   ② 평민(民)   ③ 한(韓)우

④ 만리장(場)성   ⑤ 이구동(同)성

5 밑줄 친 낱말에 대한 설명으로 적절하지 <u>않은</u> 것은? (   ) KBS 한국어능력시험형

① 집안에 가보가 있다면 나라엔 <u>국보</u>가 있다.

② 한 집안을 책임지고 이끌어 가는 사람이 <u>교장</u>이야.

③ 철수와 철수는 이름만 같고 사람은 다른 <u>동명이인</u>이야.

④ 포악한 정치에 항거하며 백성들이 들고 일어나는 행동이 <u>민란</u>이지.

⑤ 외교 관계가 나빠져서 외국이 우리나라로 쳐들어오면 <u>외침</u>을 받았다고 해.

6 〈보기〉의 빈칸에 알맞은 낱말을 바르게 쓴 것은? (   ) 수학능력시험형

---〈보기〉---

(가) '부끄럽다'와 '창피하다'처럼 낱말 중엔 순우리말과 '한자어 + 하다' 형태로 이루어진 비슷한 말이 많습니다. 물건이나 도구, 시설을 이용할 때에는 순우리말로 '쓰다'라고 하죠. 이와 비슷한 말로, 한자어로는 ' (가) 하다'가 있습니다.

(나) 색깔과 관련해서 하늘에 구름 한 점 없이 맑아 상쾌할 때에는 '쾌청(快晴)하다'고 하죠. '맑다, 개다, 푸르다'는 뜻이에요. 또 얼굴이나 살빛이 하얗다는 말은 '희다'는 말과 비슷합니다. 아픈 사람처럼 얼굴에 핏기가 없고 푸른 기가 돌아 해쓱할 때에는 ' (나) 하다'라고 합니다.

① (가) – 使用 (나) – 蒼白   ② (가) – 私傭 (나) – 類似

③ (가) – 使用 (나) – 類似   ④ (가) – 私傭 (나) – 蒼白

⑤ (가) – 使用 (나) – 顔色

7 문맥에 맞는 낱말을 <u>잘못</u> 선택한 것은? (   ) 수학능력시험형

① 검사 (<u>檢事</u> / 檢査)가 피고인을 심문하고 있다.

② 사소한 일에서도 감사 (<u>感謝</u> / 監査)를 느끼며 살아라.

③ 강도 (<u>強度</u> / 強盜)가 칼을 들고 손님을 위협하고 있다.

④ 아빠가 설거지를 하며 가사 (<u>歌詞</u> / 家舍)를 흥얼거리네.

⑤ 요즘 가구 (<u>家具</u> / 家口)를 직접 만들어 쓰는 집들이 늘고 있다.

8 〈보기〉의 밑줄 친 (가) ~ (라)에 들어갈 낱말로 옳은 것은? (   )   수학능력시험형

┌─〈보기〉──
│ 다른 나라에서 들어와 우리나라 말처럼 자연스럽게 쓰이는 낱말을 가리켜 외래어라고 합니다. 예를 들
│ 어, '추운 날엔 목에 머플러를 두르고 가세요.'처럼 목도리 대신 머플러라고 씁니다. 비슷한 예로, (가)
│ (____) 대신 노트, (나)(____) 대신 빌딩, (다)(____) 대신 샘플, (라)(____) 대신 보너스라고 씁니다.
└──

	(가)	(나)	(다)	(라)
①	공책	집	견본	지도자
②	책	건물	치마	상여금
③	공책	집	견본	상여금
④	책	건물	치마	지도자
⑤	공책	건물	견본	상여금

9 한자와 그 뜻이 바르지 <u>않게</u> 짝지어진 것은? (   )   한자능력시험형

① 語 – 말   ② 沙 – 모래   ③ 誤 – 그르치다

④ 攻 – 피하다   ⑤ 檢 – 검사하다

10 〈보기〉의 낱말 중 한자로 고친 것이 <u>틀린</u> 것은? (   )   한자능력시험형

┌─〈보기〉──
│ 말하는 사람을 일컬을 때, 말할 화(話)를 써서 화자라고 하지요. 이 '화' 자가 들어간 낱말이 우리말에
│ 많이 있습니다. 이야깃거리를 일컬어 (가)화제라고 하죠. (나)내화란 마주 보고 이야기를 주고받는
│ 것이고요. 또 전화를 통해 이야기를 나누는 것은 (다)통화, 어린이를 위해 지은 이야기는 (라)동화구
│ 요. 또 (마)일화는 세상에 알려지지 않은 흥미로운 이야기를 뜻합니다.
└──

① (가) – 話題   ② (나) – 對話   ③ (다) – 通話

④ (라) – 童話   ⑤ (마) – 日話

11 밑줄 친 부분을 적절한 낱말로 대체하지 <u>않은</u> 것은? (　　) 국어능력인증시험형

① <u>쪼개지 않은 마늘</u>이 널려 있다. → 쪽마늘

② 소고기의 <u>특정 부분</u>만 따로 구매할 수 있다. → 부위

③ 그렇게 말을 해도 <u>충분히 알아듣지 못하다니</u>. → 설듣다

④ 밥 먹으며 <u>함께 먹는 반찬</u>의 양을 늘려야 한다. → 부식

⑤ 이 유물은 <u>망가진 곳 없이 본래 그대로</u> 보존되어 있다. → 온전히

12 밑줄 친 낱말의 뜻이 바르지 <u>않은</u> 것은? (　　) 국어능력인증시험형

① <u>선무당</u>이 사람 잡는다. → 서 있는 무당

② 위생병이 다가와 <u>부목</u>을 대 주었다. → 다친 곳을 고정하여 상처가 심해지지 않게 돕는 나무

③ <u>알통</u>이 울룩불룩한 게 멋지게 만들어졌다. → 근육이 불룩 나온 부분을 통틀어

④ 조선왕조실록을 다룬 만화가 <u>전집</u>으로 빌간되있다. → 여러 권으로 이루어진 책

⑤ 회사 내에서 <u>부서</u> 간 협력은 필수다. → 하는 일에 따라 나누어진 조직의 한 부분

13 〈보기〉의 빈칸에 알맞은 낱말을 바르게 짝 지은 것은? (　　) 수학능력시험형

─〈보기〉─
한 점에서 그은 두 반직선으로 이루어진 도형을 각(角)이라고 한다. 각의 두 변이 한 점을 기준으로 벌어진 정도를 각도라고 한다. 두 변이 벌어진 정도가 클수록 '각도가 크다'라고 한다. 각도가 작으면 각이 날카롭다는 뜻의 낱말로 　(가)　 이라 하고, 각이 클수록 '무뎌진다'는 뜻의 낱말을 써서 　(나)　 이라고 한다.

① (가) – 엇각 (나) – 직각　　② (가) – 직각 (나) – 둔각　　③ (가) – 둔각 (나) – 예각

④ (가) – 예각 (나) – 둔각　　⑤ (가) – 둔각 (나) – 내각

⑭ 밑줄 친 낱말에 대한 설명이나 맥락이 적절하지 <u>않은</u> 것은? (   ) KBS 한국어능력시험형

① 스스로 빛을 내는 <u>발광체</u>엔 여러 종류가 있다.

② 고구려에 맞서 신라와 백제는 <u>나제 동맹</u>을 맺었다.

③ <u>민꽃식물</u>이 피워 내는 꽃의 빛깔이 화려하게 펼쳐진다.

④ 서울특별시와 경기도 그리고 인천시를 합쳐 <u>수도권</u>이라 부른다.

⑤ 지역의 일은 지역에서 스스로 결정한다는 것이 <u>지방 자치</u>의 의미다.

⑮ 문맥에 맞는 낱말을 <u>잘못</u> 선택한 것은? (   ) 수학능력시험형

① 국악은 (양악 / 정악)과 민속악으로 나뉜다.

② 저기 산 위에 쌓아올린 (산성 / 장성)을 보아라.

③ 여기는 강릉 김 씨가 모여 사는 (신앙촌 / 집성촌)이야.

④ 힘을 하나로 모으기로 약속한 것을 (연맹 / 연행)이라고 해.

⑤ 쌍떡잎식물에서는 이리저리 얽혀 있는 (그물맥 / 나란히맥)이 발견된다.

⑯ 〈보기〉의 밑줄 친 (가) ~ (나)에 들어갈 낱말로 옳은 것은? (   ) 수학능력시험형

〈보기〉

현재 남아 있는 조선의 궁궐은 모두 다섯 개다. 큰 복을 누리라는 뜻의 (가)(_____)은 태조 이성계가 수도를 개성에서 한양으로 옮기면서 만들었다. (나)(_____)은 세종 대왕 때 만들어진 것으로 훗날 일본인들에 의해 동물원으로 격하 당한 아픈 기억이 있는 곳이다.

	(가)	(나)			(가)	(나)
①	창경궁	경복궁		②	경복궁	창경궁
③	창경궁	덕수궁		④	경복궁	창덕궁
⑤	창덕궁	경희궁				

톡톡 문해력 기사문 다음 기사문을 읽고, 문제를 풀어 보세요.

기록적 폭우로 서울 곳곳 침수

지난 9월 8일과 9일 사이에 서울과 수도권 지역에 시간당 최대 141.5mm의 폭우가 쏟아져 큰 피해가 발생했다. 강남역을 비롯한 도심 곳곳이 <u>침수</u>되고 자동차 수백 대가 물에 잠겼다. 이번 폭우로 570여 명의 이재민이 생겼으며 2,600동이 넘는 주택이나 상가가 침수됐다. 서울시는 빠르게 수해 복구 작업을 시작했다. 전문가들은 이제는 기후 변화에 따른 장기적인 기후 대책 마련이 필요하다고 강조했다.

1 이 글의 중심 낱말은 무엇인지 쓰세요.

(   )

2 이 글의 중심 내용을 쓰세요.

3 밑줄 친 낱말의 뜻은? (   )

① 물에 잠김   ② 물이 빠짐   ③ 물이 모자람   ④ 물이 흐름

4 이 글의 내용과 <u>다른</u> 것은? (   )

① 9월 8일과 9일 사이에 서울에 폭우가 쏟아졌다.

② 이번 폭우로 때문에 570여 명의 이재민이 발생했다.

③ 전문가는 단기적인 대책을 세우는 것이 필요하다고 강조했다.

④ 강남역을 비롯한 도심 곳곳이 침수되고 자동차도 물에 잠겼다.

톡톡 문해력 문자 메시지 **다음 문자 메시지를 읽고, 문제를 풀어 보세요.**

> 나 ▶ 아울아, 잘 지내고 있지. 전학 간 학교는 어때?
>
> 난 아직 좀 낯설어. 이 학교 아이들은 예전 학교 아이들과 달라. ◀ 아울이
>
> 나 ▶ 어떤 점에서?
>
> 쉬는 시간에도 책만 읽어. ◀ 아울이
>
> 나 ▶ 정말?
>
> 운동장에서 축구하는 아이들이 없어. ㅜㅜ ◀ 아울이
>
> 나 ▶ 심심하겠다. ㅜㅜ
>
> 너희와 뛰어놀던 때로 돌아가고 싶어. 친구들이 <u>보고 싶어</u>. ◀ 아울이
>
> 나 ▶ 나도 네가 보고 싶어. 언제든지 연락해.
>
> 고마워. 자주 연락하자. ◀ 아울이

1 '나'는 왜 아울이에게 문자 메시지를 보냈나요?

2 밑줄 친 낱말과 바꿔 쓸 수 있는 것은? (   )

① 미워   ② 짜증나   ③ 행복해   ④ 그리워

3 이 글의 내용과 <u>다른</u> 것은? (   )

① 아울이는 예전 학교의 친구들을 그리워한다.

② 아울이는 전학 간 학교에서 친구들을 많이 사귀었다.

③ 아울이가 전학 간 학교의 아이들은 쉬는 시간에 책만 읽는다.

④ 아울이는 운동장에서 뛰어노는 것을 좋아한다.

4 친구가 없어서 외로워하는 친구에게 하고 싶은 말을 써 보세요.

정답

1장 씨글자

韓 우리나라 한 |10~11쪽
1. 韓
2. 1) 한국식 2) 방한 3) 주한 4) 한국학 5) 한지
3. 1) 한복 2) 한의원 3) 한국화 4) 한식 5) 한옥
4. 1) 한국식 2) 방한 3) 한일 4) 한국계 5) 한의사
5. 1) 대한민국 2) 주한
6. 1) 한반도 2) 한복 3) 한식 4) 한옥

國 나라 국 |16~17쪽
1. 國
2. 1) 국호 2) 선진국 3) 국적 4) 침략국 5) 국보
3. 1) 국가 / 조국 2) 모국어 3) 애국가 4) 국호 5) 외국인
4. 1) 국내산 2) 국보 3) 국민 4) 강대국, 약소국 5) 국경일
5. 국경일
6. 1) 삼국사기 2) 삼국유사

民 백성 민 |22~23쪽
1. 民
2. 1) 서민 2) 민담 3) 국민성 4) 원어민 5) 이재민
3. 1) 민방위 2) 수재민 3) 민속 4) 원주민 5) 원어민
4. 1) 이재민 2) 실향민 3) 난민 4) 훈민정음 5) 민심
5. 민초, 민요
6. 국민성

同 같을 동 |28~29쪽
1. 同
2. 1) 동정심 2) 동일 3) 동지 4) 동참 5) 동성
3. 1) 동일 2) 동갑 3) 동참 4) 동반
4. 1) 동등 2) 동지 3) 동의 4) 동승 5) 일심동체
5. 동고동락
6. 1) 대동소이 2) 이구동성 3) 동명이인

外 바깥 외 |34~35쪽
1. 外
2. 1) 외투 2) 실외화 3) 외과 4) 외교 5) 외가
3. 1) 외적 2) 외국산 3) 외과 4) 외할머니 5) 외계인
4. 1) 외교관 2) 외가, 이종 3) 외침 4) 해외 5) 외식
5. ③
6. 외

長 길 장 |40~41쪽
1. 長
2. 1) 장어 2) 장시간 3) 성장통 4) 장점 5) 의장
3. 1) 성장기 2) 장화 3) 장대 4) 장기 5) 장거리
4. 1) 장기간 2) 급성장 3) 만리장성 4) 장발 5) 의장
5. ④
6. 1) 훈장 2) 장발 3) 장신 4) 성장

낱말밭

回歸, 歸還 |46쪽
1. 회귀
2. 1) 회복, 회생 2) 귀성, 귀경 3) 환불, 환생 4) 회신, 회군
3. 1) 귀국 2) 송환 3) 회상
4. ④

錯誤 |47쪽
1. 착오
2. 1) 착잡, 착란 2) 오판, 오심 3) 오해, 시행착오
3. 1) 오해 2) 오보 3) 착각
4. ④

輕重 |52쪽
1. 경중
2. 1) 경공업, 중공업 2) 경솔, 신중
3. 1) 경시 2) 중책 3) 중죄
4. ③

攻擊 |53쪽
1. 공격
2. 1) 격퇴, 격파 2) 수비, 공수 3) 특공대, 공습
3. 1) 반격 2) 격멸
4. ⑤

談話 |58쪽
1. 담화
2. 1) 면담, 담소 2) 험담, 담판 3) 화자, 화제
3. 1) 담화 2) 덕담 3) 일화 4) 실화
4. ②

부끄럽다, 창피하다 |59쪽
1. 1) 도망하다 / 도주하다 2) 해결하다
2. 1) 닮다, 유사하다 2) 푸르다, 쾌청하다
3. 1) 잠적했다 2) 소환했다 3) 창백
4. ②

검사, 검사 |64쪽
1. 1) 가구, 가구 2) 가장, 가장
2. 1) 가사家事, 가사歌詞 2) 강도強盜, 강도強度
3. 1) 검사(檢査) 2) 가구(家具) 3) 가설(假說)
4. ②

사과, 사과 |65쪽
1. 1) 사고, 사고 2) 무사, 무사
2. 1) 발전發展, 발전發電 2) 분수分數, 분수噴水
3. 1) 무사 2) 부인 3) 발전
4. ③

열쇠, 키 |70쪽
1. 1) 머플러 2) 리더
2. 1) 스커트, 치마 2) 면담, 인터뷰
3. 1) 열쇠 2) 면담 3) 틈
4. ②

일석이조 |71쪽
1. 1) 일석이조 2) 일편단심
2. 1) 권선징악 2) 진수성찬 3) 작심삼일
3. 1) 막상막하 2) 만수무강 3) 구사일생 4) 현모양처
4. ④

어휘 퍼즐 |72쪽

2장 씨글자

副 버금 부 |78~79쪽
1. 副
2. 1) 부수입 2) 부장품 3) 부교재 4) 부대표 5) 부관
3. 1) 부차적 2) 부상 3) 부기장 4) 부의장 5) 부장품
4. 1) 주식, 부식 2) 주업, 부업 3) 부응 4) 부통령 5) 부반장
5. 부목
6. 부

설 |84~85쪽
1. 설
2. 1) 설삶다 2) 선잠 3) 섣부르다 / 서투르다 4) 풋내 5) 애호박
3. 1) 낯설다 2) 선머슴 3) 푸대접 4) 풋내기
4. 1) 선무당 2) 설마르다 3) 살얼음 4) 설웃음 5) 설깨다
5. ③
6. 풋

數 셀 수 |90~91쪽
1. 數
2. 1) 수치 2) 과반수 3) 수개월 4) 조삼모사 5) 술수
3. 1) 개수 2) 액수 3) 다수결 4) 분수
4. 1) 술수 2) 재수 3) 점수 4) 개수, 수량 5) 소수
5. 1) 속임수 2) 재수
6. 1) 권수 2) 액수 3) 등수

全 완전할 전 |96~97쪽
1. 全
2. 1) 전혀 2) 온전 3) 전국 4) 전집 5) 완전 초보
3. 1) 완전 2) 전력 질주 3) 전신 / 온몸 4) 전원
4. 1) 전멸 2) 보전 3) 전신 4) 전국 5) 전 세계
5. 전
6. 전력 질주

部 부분 부 |102~103쪽
1. 部
2. 1) 부품 2) 중심부 3) 외부 4) 상층부 5) 치부
3. 1) 복부 2) 부품 3) 부위 4) 대부분 5) 북부
4. 1) 외부, 내부 2) 대부분 3) 두부, 흉부 4) 부품 5) 중심부
5. 1) 전부 2) 대부분 3) 일부
6. 1) 부락 2) 흉부 3) 세부

통 |108~109쪽
1. 통
2. 1) 통으로 / 통째로 2) 통유리 3) 쪽문 4) 통틀다 5) 쪽지
3. 1) 알통 2) 쪽지 3) 바지통 4) 통뼈 5) 쪽잠
4. 1) 온종일 2) 통마늘, 쪽마늘 3) 통틀어서 4) 감쪽같이 5) 통나무
5. ③
6. 통고추, 통북어, 통구이, 통나무, 통닭

씨낱말

직사광선 |114쪽
1. 광선
2. 1) 광원, 광선 2) 반사, 입사 3) 태양광선, 가시광선 4) 오목 렌즈, 볼록 렌즈
3. 1) 오목 렌즈 2) 정반사, 난반사 3) 투과

식물 분류 |115쪽
1. 식물분류
2. 1) 쌍떡잎, 외떡잎 2) 나란히맥, 그물맥
3. 1) 꽃식물 2) 수염뿌리 3) 떡잎
4. 꽃식물, 민꽃식물, 꽃식물, 외떡잎, 쌍떡잎

지방 자치 |120쪽
1. 지방 자치
2. 1) 통치, 자치 2) 구청장, 시장 3) 도 의회, 시 의회 4) 지방 자치 단체, 지방 의회
3. 1) 도지사 2) 지방 의회 3) 구 의회

도시 |121쪽
1. 도시
2. 1) 수도, 대도시 2) 농촌, 어촌 3) 집성촌, 지구촌
3. 1) 수도 2) 수도권 3) 위성 도시 4) 도시 문제 5) 민속촌

연맹, 동맹 |126쪽
1. 1) 연맹 2) 동맹
2. 1) 연맹 왕국, 가야 연맹 2) 연합군, 연합국
3. 1) 나당 연합군 2) 5부족 연맹체
4. 나제 동맹

장성, 산성 |127쪽
1. 성
2. 1) 안시성, 사비성 2) 경복궁, 창덕궁 3) 창경궁, 경희궁
3. 1) 천리장성 2) 몽촌 토성 3) 성 4) 장성

예각, 둔각 |132쪽
1. 각
2. 1) 각도, 직각 2) 예각 삼각형, 둔각 삼각형
3. 1) 내각 2) 엇각
4. 각, 각도, 직각

서양 음악, 국악 |133쪽
1. 악
2. 1) 정악, 민속악 2) 합주, 독주 3) 관현악, 성악
3. 1) 독창 2) 관현악 3) 방중악

어휘 퍼즐 |134쪽

	대			쪽	지		국
흥	부	외	과		방	중	악
분		반	사		자		외
		수			치	부	떡
					단		잎
		회		발	광	체	식
속	임	수		역		부	산	물
씨					시	반	
식	물	분	류		장	장	성
물							악

종합 문제 |135~139쪽
1. ③ 2. ③ 3. ② 4. ④ 5. ② 6. ① 7. ③ 8. ⑤ 9. ④ 10. ⑤
11. ① 12. ① 13. ④ 14. ③ 15. ⑤ 16. ②

문해력 문제 |140~141쪽
1. 폭우 2. 서울과 수도권 지역에 폭우가 쏟아져 큰 피해가 발생했다.
3. ① 4. ③

1. 아울이가 전학 간 학교에서 잘 지내고 있는지 궁금해서 2. ④ 3. ②
4.
예 민희야, 많이 힘들었지? 이제부터 나랑 재미있게 놀자. 책도 같이 읽고, 놀이터도 같이 가면 심심하지 않을 거야.

집필위원

정춘수	권민희	송선경	이정희	신상희	황신영	황인찬	안바라
손지숙	김의경	황시원	송지혜	황현정	서예나	박선아	강지연
강유진	김보경	김보배	김윤철	김은선	김은행	김태연	김효정
박 경	박선경	박유상	박혜진	신상원	유리나	유정은	윤선희
이경란	이경수	이소영	이수미	이여신	이원진	이현정	이효진
정지윤	정진석	조고은	조희숙	최소영	최예정	최인수	한수정
홍유성	황윤정	황정안	황혜영	신호승			

문해력 잡는 초등 어휘력 B-3 단계

글 황인찬 김의경 이정희 손지숙 송선경 신호승
그림 박종호 쌈팍
기획 개발 정춘수

1판 1쇄 인쇄 2025년 1월 16일
1판 1쇄 발행 2025년 1월 31일

펴낸이 김영곤 **펴낸곳** ㈜북이십일 아울북
프로젝트2팀 김은영 권정화 김지수 이은영 우경진 오지애 최윤아
아동마케팅팀 명인수 손용우 양슬기 이주은 최유성
영업팀 변유경 한충희 장철용 강경남 김도연 황성진
표지디자인 박지영 임민지

출판등록 2000년 5월 6일 제406-2003-061호
주소 (우 10881) 경기도 파주시 문발동 회동길 201
연락처 031-955-2100(대표) 031-955-2122(팩스)
홈페이지 www.book21.com

ⓒ (주)북이십일 아울북, 2025

ISBN 979-11-7357-048-3
ISBN 979-11-7357-036-0 (세트)

* 책값은 뒤표지에 있습니다.
* 이 책 내용의 일부 또는 전부를 재사용하려면 반드시 (주)북이십일의 동의를 얻어야 합니다.
* 잘못 만들어진 책은 구입하신 서점에서 교환해 드립니다.

KC	• 제조자명 : (주)북이십일	• 제조연월 : 2025. 01. 31.
	• 주소 : 경기도 파주시 회동길 201(문발동)	• 제조국명 : 대한민국
	• 전화번호 : 031-955-2100	• 사용연령 : 3세 이상 어린이 제품